人这一生，终究要与自己和解

与负面情绪握手言和

陈爱芬 著

中国妇女出版社

图书在版编目（CIP）数据

与负面情绪握手言和 / 陈爱芬著 . -- 北京 : 中国妇女出版社，2021.1（2024.3 重印）
ISBN 978-7-5127-1925-5

Ⅰ . ①与…　Ⅱ . ①陈…　Ⅲ . ①情绪－自我控制　Ⅳ . ① B842.6

中国版本图书馆 CIP 数据核字（2020）第 195153 号

与负面情绪握手言和

作　　者：陈爱芬　著
责任编辑：王海峰
封面设计：尚世视觉
责任印制：王卫东
出版发行：中国妇女出版社
地　　址：北京市东城区史家胡同甲 24 号　　邮政编码：100010
电　　话：（010）65133160（发行部）　　65133161（邮购）
网　　址：www.womenbooks.cn
法律顾问：北京市道可特律师事务所
经　　销：各地新华书店
印　　刷：北京通州皇家印刷厂
开　　本：150×215　1/16
印　　张：13.25
字　　数：200 千字
版　　次：2021 年 1 月第 1 版
印　　次：2024 年 3 月第 8 次
书　　号：ISBN 978-7-5127-1925-5
定　　价：49.80 元

自 序
Preface

与负面情绪握手言和
——把自己打碎，让改变发生

生命的本质就是“改变”，但我们的本性却抗拒改变。

我们不断地和自己斗争，直到我们艰难地做了选择，决定从“情绪的奴隶”活成“自己的主人”。

畅销书《非暴力沟通》的作者马歇尔·卢森堡说，对于大多数人来说，成长一般会经历三个阶段。我自己的成长过程验证了他的论断。

第一个阶段：情绪的奴隶

我要为别人负责，尤其要让我的家人快乐，这是我的义务。

如果别人不高兴，我会不安，觉得自己有责任做些什么。

我就是传说中的“高情商个体”，特别会取悦别人，不敢拒绝，有眼力见儿，和周围人的关系都很好。长期以来，很多人都会给我这样一个评价——“情商高”。

后来，我才意识到并非如此。

实际上，我是一个装满情绪垃圾的“情绪垃圾桶”，长期筋疲力尽，早已习惯无意识地压抑自己的情绪或在人前伪装自己。

在这个阶段，我不知道每个人的感受都是自己的选择，也没有意识到我的感受是我自己的。我从心底渴望别人的认同，外在表现却是拼命地认同别人。

第二个阶段：身披盔甲的战士

在这个阶段，我发现，为他人的情绪负责，牺牲自己，无原则地迎合他人，代价实在太大。凭什么我要把日子过得这么憋屈，我心里充满委屈与愤怒。

于是，我似乎走在另一个极端，披着厚厚的盔甲，再不理会别人的情绪，只做自己想做的事情。

相当长一段时间内，我就像一个正在工作的马达，每天疯狂地学习，考国家二级心理咨询师，学习海灵格的“家庭系统排列”疗法，学习沟通，疯狂读书，周末不是去讲课就是去听课……总之，我要成为最好的自己，我要让自己更优秀。

带着这样的执念，我野蛮地成长着。

我拒绝为别人的情绪负责，尤其是为家人的情绪负责。

我总是生硬地告诉身边的人，对不起，那是你的事情，和我无关。

我知道我并不快乐！我就像一个身披盔甲的战士，刀枪不入，百毒不侵。

第三个阶段：生活的主人

在这个阶段，当我帮助别人的时候，我会问自己，我是出于爱，还是恐惧、内疚？

我开始意识到，我的情绪是我自己的，别人的情绪是别人的，我无法为别人负责。但我同时也发现，人与人是相互依存的，人与人之间需要联结。

我意识到我内在的脆弱，因为我的内在真实地存在着一种无法流通的情绪。

我允许这份情绪存在，我愿意看见它。它就像过去未长大的我。我给它耐心、拥抱，而不是假装看不见它。它每一次在我心里泛滥时，我都会对自己说：“对不起。请原谅。谢谢你。我爱你。”

通过这四句话，我学会了清理我内在的情绪，从而有机会找回被情绪绑架的自己。

当我能接纳自己内在的情绪时，我心中充满了爱。

感受是我们每个人自己的事情。同时，我们要看见自己有需求。

当我们能将自己的需求提出来的时候，我们将更容易和别人建立联结。

世界上最遥远的距离，不是从南极到北极的距离，而是从大脑到内心的距离。

知识若失去我们内心对它的感知，就只是个传说。而心，需要我们去看见、允许、接纳。这样我们才能成为真实的自己，重拾我们本来拥有的爱的能力，也才能从“心”做自己。

当我们能发自内心地去做每件事时，我们会感觉到我们的内在仿佛有一条小河在流动，万千种喜悦正冉冉升起……

我感谢我的爱人。他无条件的爱和宽厚的胸怀无时无刻不在支撑着我的成长。我收获成长的每个阶段都少不了他在我背后给予我的默默的支持。他给了我力量。

我要感谢我的女儿朵朵。因为她的出现，我才开始学习心理咨询，并开始自我成长。

这本书，是我内心收获成长的见证。

我相信每一个人都需要经历这个过程……

来，让我们一起成长！

目录

Contents

Part1　解锁情商
——接纳并拥抱你的情绪

Part2　识别思维模式
——找到你的情绪触发点

Part3 抛弃不合理信念
——给自己一个放松的机会

Part4 拥抱内在小孩
——接纳不完美的自己

Part5 活在当下

——唯有“此刻”不容辜负

Part6 自我唤醒

——与负面情绪握手言和

Part1

解锁情商

——接纳并拥抱你的情绪

与
负面情绪
握手言和

唤醒情商，别让情绪化毁了你

有一天，一个好朋友开心地告诉我：“我就要升职了！”可是第二天她又在电话里沮丧地告诉我，她离职了！

本来要升职的，怎么突然又离职了呢？原来是她的暴脾气惹的祸。

我大致了解了一下事情的经过。

朋友的一个同事给领导发邮件时提到公司业绩不好的其中一个原因是与朋友做的某个项目有关。当时正在外地出差的朋友半夜里得到这一消息，瞬时怒发冲冠，冲动之下写了一封十分情绪化的邮件给那个同事，在邮件中大谈自己为了做这个项目多么辛苦。朋友同时将邮件抄送给领导。

第二天早晨，看着那封充满怨气的邮件，她想撤回已经来不及了。同时，她心里仍然愤愤不平，觉得领导在这件事上没有站在自己这边，一气之下向领导提出辞职，没想到领导竟然同意了。

一不开心就放弃，这背后的刺激反应模式是逃避。

我曾经有一个同事，他能力强、业绩好，又有领导的器重，于是恃才傲物，经常对同事横挑鼻子竖挑眼。

有一次，一个同事帮他拿快递，没有及时拿到，他就责骂对方，说对方耽误了他签合同的时间。

他还经常不给领导面子。

有一次，公司开会的时候，领导问他回款时间，他骄傲地回击："没我的回款，公司这个月的工资就没着落了？"

后来，公司让业务员自己筹备团队的时候，没有人愿意和他组团。

一愤怒就指责，这背后的刺激反应模式是战斗。

我还认识一个软件公司的首席运营官，他才华出众，聪明能干，是一流的计算机专家。但他却不是一个好领导，他的下属超级不喜欢他，因为他说话尖酸刻薄，毫不留情。而且他还不懂得变通，他总认为他认定的就是对的。他没有结婚，没有可亲近的朋友，唯一的爱好就是工作，但实际上工作却没有给他带来太多乐趣。

常常处于防卫僵化状态，这背后的刺激反应模式是僵死。

以上三类人处理情绪的方式非常不同。在刺激反应下，他们要么逃避，要么战斗，要么僵死。究其原因，这要从大脑进化说起。

据说，最古老的爬行脑已有上亿年的历史，它主要负责安全。在远古时代，面对危险时，人有三种应对模式，即逃跑、战斗或原地不动。这样的应对模式一直延续到现在。

有时候，外在的事件其实并没有威胁到我们的生命安全，但我们的爬行脑会自动切换到应对模式，以让我们选择其中一个惯性行为。

大脑情绪控制系统是大脑的边缘系统，也有5000多万年的历史。情绪脑和爬行脑喜欢联手。

一旦有危险，人首先会有下意识的行为，其次会有相应的情绪。而负责思考的大脑皮层，只有200多万年的历史。

所以，一旦爬行脑和情绪脑联手处理刺激事件的时候，负责思考的大脑皮层根本插不上手。于是，情绪化的处理方式就自然而然地出现了。

这就是情绪失控时聪明人也会做傻事的原因。

那该怎么办呢?

我们要学会控制情绪。值得注意的是，我说的是控制，而不是“压抑”或“否认”情感的存在。很多时候，即使是负面情绪，如愤怒、悲伤、恐惧……也可以成为我们能量的源泉。

适当的愤怒能让人们意识到彼此之间的界限，悲伤能让人们彼此之间的联结更紧密，而恐惧则会提醒我们要小心了。所以，千万不要过度压抑自己的情绪。

我们如果经常压抑自己的情绪，特别是压抑强烈的负面情绪，可能会让我们的身体生病。比如，很多“老好人”都有一个共同的毛病——慢性胃炎，这可能是长期压抑负面情绪的结果。

控制情绪，其实就是让我们大脑中负责情绪的边缘系统和负责应激反应的爬行脑冷静下来，继而更好地去和负责思考的大脑皮层合作。

这也就是心理学上常说的理性和感性的共舞。

如何才能更好地控制情绪？如何才能让负责思考的大脑皮层更好地工作呢？

第一步：给我们的负面情绪起一个名字

比如，我上文提到的那位在深夜里发邮件的朋友，她愤怒的那一刻如果能有一个觉察，能意识到自己有了负面情绪，能给自己的负面情绪起一个名字（如可以用“怒怒”“轻柔”称呼愤怒），能感受一下身体的能量——身体是热的还是冷的，同时确定相应的负面情绪在身体的哪个部位，她也许就会有不一样的行为表现。

如果我们都能学会为情绪命名，我们将发现一个令人惊讶的事实，没有一种情绪的亢奋状态是持久存在的；很多情绪的亢奋状态最多持续15~30秒，然后就会被其他情绪取代。

我有几次给自己的负面情绪命名为“温柔”的时候，想着想着便哑然失笑。

其实，情绪就那么回事。当我们能给情绪命名时，我们就开始转移和接纳情绪了。

第二步：接纳我们的负面情绪

当我们无法享受我们正在做的事情时，为什么我们不接纳它呢?

接纳听上去好像是被动的，但实际上它是非常积极的并且是有创造力的。

接纳意味着我们的身体开始包容负面情绪，意味着我们允许负面情绪存在，接受它们的存在。

当我们能带着觉察允许负面情绪存在的时候，就好比在我们原本紧缩的身体周围增加了弹性空间。

更重要的是，**能接纳情绪，意味着我们不再情绪化。这时候，我们的大脑可以理性思考："我到底想要什么呢？"**

第三步：正确表达自己的情绪

我真正想要的是什么？做好了前面两步，我们思考的重点自然而然就来了。思考我们的感受，感受我们的思考。理性和感性真的能一起跳舞了。

美国斯坦福大学曾经做过一个心理学实验——“棉花糖实验”。研究人员将一群4岁左右的孩子依次带入房间，并在每人面前放上一块棉花糖，然后告诉他们：“如果你们现在想吃自己面前的这块糖，你们可以吃。但是如果你们能等我办完事回来后再吃的话，你们可以多吃一块棉花糖。”

先不说这个实验最初的目的是什么。我想说的是，我们发泄情绪的过程和这个实验的过程何其相似?

遇到烦恼，负面情绪缠身时，我们是选择一吐为快，还是选择先接纳情绪而后科学处理呢?

很多时候，我们在情绪化的冲动下并不能理性地思考自己想要什么。

我们是当下就吃掉那块棉花糖（此刻就发泄情绪），还是选择等待从而得到两块棉花糖（允许负面情绪的存在并接纳它）？也就是说，我们是要跟着感觉走，还是选择延迟满足?

这就是情商的奥妙所在。这就是情绪管理。

情商指的是我们管理自己的情感的能力。实际上，我们完全可以选择表达情绪的方法。

学会觉察，接纳并拥抱你的情绪

关于情商，亚里士多德有一个很好的论述。他说：“任何人都会生气。生气是一件容易的事。然而，对对的人，以适当的程度，在对的时间，因为对的原因，并且用对的方式生气，是非常不易的。”

亚里士多德告诉我们，我们的情商是有智慧的，它在引导我们的思维方式、我们的价值观。因此，我们要更好地用智慧来管理我们的情绪。并且，我们一旦掌握了正确管理情绪的能力，情绪将会变成我们做决策的得力工具。

管理情绪，关键是不要情绪化，而是要学会合理地表达情绪。

情商是情绪的管理机制。

那什么是情绪呢？喜、怒、哀、乐都是情绪。那喜、怒、哀、乐又是什么呢？它们是我们的身体面对外界刺激时的应激反应。比如，你正在热恋中，你感受到的幸福和喜悦，是你的身体产生的大量多巴胺引起的。

人最基础的情绪是喜悦和恐惧。人天生趋利避害，喜欢喜悦，而厌恶恐惧。

然而，恐惧就一定不好吗？其实在原始社会，人恰恰是因为恐惧才能生存下来。恐惧的情绪会不断地提醒我们前面有危险，它也会告诉我们应该逃跑还是战斗。

情绪其实并没有正面或者负面之分。原始的恐惧就是要提醒我们、告诉我们前面有危险，从而让我们通过逃跑或是战斗生存下来。

在现实生活中，当我们感到恐惧的时候，恐惧实际上是要提醒我们："你真的准备好了吗？"因此，当我们感到恐惧的时候，我们不妨问问自己为什么而恐惧，是担心自己没有准备好？如果我们什么都准备好了，那我们还会恐惧吗？

因此，当情绪产生的时候，比如我们的身体感受到了愤怒、恐惧，如果我们能停下来思考一下这些情绪是在给我们什么样的提示，我们的情绪就会得到舒缓。

搞清楚情绪本身是怎么一回事是提升情商的关键。

首先，我们要认识到情绪的本质是一种化学物质；其次，当情绪产生的时候，我们要感受一下身体当下的感受是怎样的，比如我们可以想象一下我们愤怒的时候我们的身体会有什么样的感觉。

另外，大家想象一下，一个人若永远都能保持喜悦，那么这个人正常吗？或者一个人一直处于愤怒的情绪中，那么他正常吗？

“情绪”一词的英文是emotion，其中e表示“energy”，即能量；“motion”是移动的意思。所以，情绪是移动的能量。由此可见，情绪应该一直是运动着的。

所有的情绪都在我们的身体里不断地运动着、交织着。

你跟一个人接触时，如果他根本没有负面情绪，你会觉得你跟他有距离感，你会认为他是戴着“面具”在跟你交流。

每种情绪都传递着独特的信息，承载着某种希望和需求。

我们要学会理解和驾驭我们的情绪，要学会引导我们的情绪。正因为情绪的存在，我们的生活才如此丰富多彩。

那么，当情绪来的时候，我们通常是如何做的呢？

有人说："我从不抑制，有脾气就向周围人发泄。"

有人说："我在单位抑制了，回家以后向家人发脾气。"

有人说："我忍了。"

对于最后一种说法，我一般会问："它最后到哪里去了？"

我一般会得到这样的回答："它留在了我的身体里。"

是的，当你选择向周围人发脾气，你得到的是糟糕的人际关系；当你选择向家人发脾气，你得到的是糟糕的家庭关系；当你选择压抑自己，你得到的是糟糕的身体。

那该怎么办？学会驾驭你的情绪！

如何驾驭？我们来看一个关于我自己的例子。

我每到一个地方出差时，都会给父母打个电话。我父亲这种时候一般都会在地图上指着我到达的那个地方给母亲看。

有一次，我去云南出差。我和母亲通电话时，得知母亲牙又出了问题。

母亲的牙掉了好多，难看不说，还影响吃东西。母亲在电话那头抱怨了好久。

最初，我还耐着性子听着，但是听着听着就开始不耐烦了。我质问（抱怨的口气）：“你为什么不去医院看医生啊？你说不好看，那怎么不去把牙补了？”

母亲解释说她没时间，也没人带她去。

于是，我就“爆发”了：“那你也别和我讲。你和我讲，我能带你去吗？你自己的事情自己都不着急……”

电话那头的母亲不说话了。

我生气地挂了电话。

挂上电话后，我意识到自己做错了。我首先开始反思（觉察）。我身体里的感受是什么？我心里很堵、嗓子难受。然后，我又问自己（评估）：“我为什么这么生气？我给母亲打电话的目的是什么？我给母亲打电话的目的是要表达我对她的爱与关心，但我是怎么表达的？我和她互相抱怨、指责，最后不欢而散。”

“我为什么这么生气？”当我第二次这么问自己的时候，我突然强烈地意识到自己内疚的情绪。在母亲和我说话的时候，我很内疚。我不在父母身边，一年回家最多不过两次，且每次都很匆忙。我无法带母亲去医院，所以我很内疚。

我之所以和母亲发火，是不想面对自己的内疚，于是迁怒于母亲的抱怨。

想到这里，我再次拨通了母亲的电话（驾驭）。我向母亲表示，我不能在她身边照顾她，所以我很内疚。我和她说了“对不起”。

电话那头的母亲，和刚才也完全不一样了，她告诉我明天就要和父亲去医院看牙。然后，我很开心地挂了电话。

这是一个完整的驾驭情绪的过程。

第一步：觉察

觉察情绪，首先是从身体上觉察。既然情绪本质上是一种化学物质，那么我们就可以去感受这种化学物质在我们身体的哪个部位。

觉察到身体的感受之后，我们可以做深呼吸，以舒缓我们的情绪。

第二步：评估

比如，我们可以问一下自己："我为什么这么生气？我如此生气背后的原因是什么？我想表达的又是什么？"我们还可以问问自己："当下这件让我生气的事为什么这么触动我？"

评估的过程，是理性介入的过程。

第三步：驾驭

在觉察、评估之后，我们可以问问自己："我想要的是什么？我想表达的是什么？"然后，我们就可以行动了。

如果我们在遭遇情绪困扰的时候都能这样觉察、评估、驾驭自己的情绪，我们便能管理好自己的情绪。

接纳，放情绪一条生路

经常被问到这样的问题："面对负面情绪，该如何驾驭？是压抑还是爆发？"

我们若是经常性地压抑情绪，被压抑的情绪会通过其他方式表现出来，如身体上的疾病。

而毫无顾忌地爆发呢？当我们放任自己的性子对别人大喊："都是你的错，是你惹我生气的！"这样做不仅会伤害别人，而且会暴露我们的无力。

更重要的是，我们如此一来便把控制自己情绪的主导权交给了别人。我们成了没有能力掌控自己的木偶，只能任由别人摆布。

当我们意识到情绪只是一个信使，当我们学会了理解、翻译和处理情绪，我们就可以在压抑和爆发之间找到平衡。

我们因此就能学会尊重情绪，不压抑自己、不和情绪对抗，继而与情绪和平共处。

也就是说，我们学会了引导我们的情绪。

如何引导?

方法一：做深呼吸练习

比如，可以用“478呼吸法”做深呼吸，具体做法是：深深吸气，同时在心里默数4个数；屏住呼吸，同时在心里默数7个数；慢慢呼气，同时在心里默数8个数。

这是著名心理专家张怡筠女士在一个讲座上分享的一个方法。

我觉得非常好用，我经常通过这样的呼吸来舒缓自己的情绪。

大家可以试试。

方法二：转移注意力

如果你不想被愤怒绑架，你可以利用下面这个能舒缓情绪的小方法——数颜色。例如，当你被领导指责的时候，你不想被自己的情绪绑架，你可以一边听对方说话，一边在心里默默地数一下领导身上有几种颜色。

你愤怒的一刹那，很容易失去理智。而你失去理智的时候，也就是你的大脑皮层不再参与你的理性思考的时候。但在你数颜色的过程中，你的大脑会有一个缓冲，之后会再次回来继续为你工作，你也就不会过于冲动了。

方法三：有意识地抱怨

有意识地抱怨，就是带着觉察体验你的负面情绪。

首先你要找一个没人的地方，不然容易被人认为是神经病！之后，你可以尽情地抱怨、咒骂、责怪、号叫……你甚至可以一边抱怨、咒骂，一边运动。

当你说完你想说的话，你要感谢这个空间，感谢它聆听你的抱怨，最后拍打拍打全身结束这次有意识的抱怨。

当你允许自己成为自己，允许情绪实事求是，放情绪一条生路，你的情绪才会流动起来。

然后，你的身体将会释放积压已久的紧张感。

然后你就可以轻轻松松做自己。

情绪只能是理性选择，而非反应性选择

小芳说她最近总是无缘无故地发脾气，又不知道自己为什么会这样，一个人的时候还特别想哭。

小芳特别希望自己能好好成长，这几年一直在不断地学习。这几年的她快乐、自信，情绪越来越稳定，很少发脾气。

于是，我试图和小芳一起找找她最近这几天心情不好的原因。

小芳说出了她的情绪："我这几天有时感觉很愤怒、很悲伤，但我不知道为什么。"

就在这个倾诉的过程中，小芳哭了起来，一边哭一边说：

“我害怕没有人爱，我不值得被别人爱。”

经历过长时间的自我成长，小芳曾经无数次释放过自己的恐惧、悲伤、内疚……没想到在这样一个偶然的机会，我们居然一下子找到了她的这些情绪的根源：担心自己不值得被爱。

接着，小芳说起了她的经历。

读大学的时候，由于家里条件不好，小芳一边打工一边读书。为了省钱，她住过地下室。

如今，日子过得好了，小芳父母也有了积蓄。小芳希望父母在晚年能好好享福，过得舒服一些。

可就在前几天，小芳听亲戚说父母把手里大多数的钱都给了哥哥。小芳现在的经济条件很好，她完全可以不在乎这件事。然而，当她去问父母这件事情的时候，父母支支吾吾并没有说出实情。小芳为此很生气。

小芳说：“我其实不是在意父母给哥哥钱。”

“那你在意什么？这件事情似乎就是你如此伤心的原因。”

“我在意的是父母骗我。他们完全可以告诉我实情。我问他们这件事，可他们却不告诉我。”

“你在意的是父母骗你。父母为什么要骗你？他们不爱你吗？”

“他们怕我伤心。他们爱自己的孩子，但他们用错了方法。我害怕的是他们不爱我，我不值得他们爱。”小芳说出这句话的时候，又哭了起来。

是的，我和小芳再一次确认，她内心深处的恐惧是：“害怕父母不爱我，我不值得被爱。”

热播电视连续剧《欢乐颂》中，女主角樊胜美的哥哥打伤别人后，受害者家属来要钱时，樊胜美的妈妈习惯性地第一时间找女儿要钱，丝毫不管女儿有没有钱、一个人在上海生活得怎样。相信很多人看到这时，都恨不得砸电视机。

小芳的遭遇虽然和樊胜美不一样，但同样触动了小芳内心深处的信念——“父母不爱我，更爱哥哥。”

电影《怪物史莱克》里有句台词：“洋葱有层次，妖怪也有层次，万事万物都有层次！”我非常喜欢这句话。如果没有层次，那么史莱克将永远只是一只丑陋的怪物。因为有层次，怪物就有了很多种可能：一个值得信任的朋友、一个勇敢的英雄……

同样的道理，情绪和信念也有很多层次，就像洋葱一样。小芳表面的情绪是恐惧和悲伤，信念是父母不能骗孩子；小芳深层次的情绪是害怕父母不爱她和她不值得被爱，信念是父母骗她，因为父母不爱她，她不值得被爱。

这一切，改变的关键点，仍然是对情绪的接纳。

那么，如何才能接纳情绪？

接纳情绪不是去给情绪讲道理，比如，父母其实是爱你的，天下哪有不爱孩子的父母，你不要再伤心了，等等。这些大道理对处理情绪没有任何意义。

当我们处在情绪中的时候，我们给情绪讲道理，其实就是在制造噪声，只会让事情变得更糟。

那怎么办呢？

小芳需要做自己情绪的代言人："我害怕父母不爱我，我不值得父母爱。我很害怕，但我允许我有这样的情绪，我接受自己有这样的情绪。我全然接纳这样的自己。"

因为这样的接纳和允许，小芳慢慢平静了下来。

最初的时候，小芳嗓子发哑，身体也是硬邦邦的。随着对自己情绪的承认和接受，小芳说她感觉全身轻松了很多。

我也感觉小芳整个人似乎变轻盈了，不像刚开始时那么沉重，她脸上的表情也放松了很多。

小芳和我说，通过这几年的不断成长，她对自己的情绪已经能做到第一时间的觉察。现在有情绪的时候，她不再像原来一样完全无意识。

以前，一有情绪，她会对老公产生极度的不满，继而不断挑对方的刺儿，直到引发争吵、冷战……

以前的她长期生活在愤怒和伤心中，对身边的事情和人常感到不满，从来不会找自身的原因。

而现在，她能在第一时间觉察到自己愤怒了、难过了……然后能去到内在问自己："这些负面情绪想告诉我什么呢？我又有哪些地方需要成长和疗愈呢？我现在对负面情绪能做到完全接纳吗？"

小芳相信，每一次有情绪来访，她都能因此成长。

面对不开心的事情，我们通常至少有离开、改变和接受3种选择。

这3种选择都是建立在接纳了情绪之上的理性选择，而不是被情绪绑架后的反应性选择。

用“抽离法”看见、接纳并化解情绪

很多时候，我们很难管理好自己的情绪。

尤其面对最亲密的人，我们通常会将自己的缺点完全暴露在对方的面前。于是，彼此控制、争吵，在所难免。

有一次，我看完一本书，觉得这本书对老公的工作很有帮助，就特别想和他分享。他正在做自己的事情，但他并没有拒绝我的建议。

于是，正处于兴奋状态中的我就滔滔不绝地和他讲起来。然而，我讲了好久，才发现他根本没有在听我讲。

我当时特别生气，说：“我都是为你好才给你讲这本书，你怎么这样对我啊？”

他说：“我本来就不想听，又不好意思打断你。”

在和他争论的过程中，我觉察到了我的愤怒。怎么办？我必须把自己从这种情绪中抽离出来。

如何做？先离开那个场景，别让自己继续和对方处在对峙中。

我选择了一个安静的地方，站在那里，体验当下的情绪。我很难过，尤其是嗓子和心口处。

于是，我开始深呼吸。

然后，我开始和情绪对话。

我问了自己的情绪一个问题：“你想告诉我什么？我想要什么？”

情绪回答：“你想要爱和理解。”

这件事情唤醒了我儿时的记忆。我脑海中出现了一个画面。

我10岁那年夏天，母亲在我家的院子里种了我最爱吃的西红柿。

一天中午，太阳热辣辣地烤着地面。大人都不在家。

我突然心血来潮，想做一件好事，决定给小西红柿苗浇水。

我很辛苦地打了水，来到菜地，费尽九牛二虎之力才把西红柿苗浇完。

我累得满身大汗，心里却美滋滋的。

我想，母亲回家后肯定会表扬我。

结果，母亲回来后，一看到我浇过的西红柿苗，就开始批评我。

我记得，我当时十分沮丧。我忘了当时自己哭没哭。

这件事情给我的印象特别深刻。那以后，每当情绪提醒我想要爱和理解的时候，这个画面都会出现在我的脑海里。

后来，我知道母亲之所以批评我，是因为在太阳最毒的中午是不能给小苗浇水的。我把那些小苗都浇死了，我完全是出于好心，却办了坏事。

如同今天的我，总以为自己明白了一些道理，想要讲给别人，结果对方不领情。我想要理解和爱，但没有得到，得到的是对方的针锋相对以及不理解。

找到情绪的源头之后，我十分感谢情绪告诉我这些信息。

我问自己，我可以理解妈妈吗？我的回答是肯定的。

我拥抱了10岁的自己。那个10岁的我，想要的只是理解和爱，虽然她做了错事。

感谢情绪，真诚地感谢情绪给我这些信息。

最后，我想象这种情绪是黑色的，我想象自己手里有一个按钮。当我按了这个按钮之后，黑色的情绪不见了。做完这一切，我又做了几次深呼吸。我终于平静下来。

我又可以心平气和地与老公沟通了。

这时的我不再压抑，没有抱怨，非常舒服。

上面，我用的方法叫“情绪抽离法”。当然，这个方法的前提是“接纳自己的情绪”。

很多情绪都源于我们儿时遭受的创伤。当我们还小的时候，我们难以承受这些情绪。

我们长大后，拥有了从不同角度看问题的能力，可以用更成熟、更理性的方式来处理情绪，我们完全可以将深藏内心深处的很多情绪消化掉。

试着做自己情绪的主人

有一次，我去参加一个大型培训，到达现场的时候，看到很多人在排队，从报名处一直排到了酒店外面。

我问身边一个男生："这是在排队交费吗？"

岂料那个男生冷冷地回答："你自己问问不就知道啦！"

我一时愕然，这什么态度啊？看着瘦小的他，我头脑里涌现出各种批判："这人素质真低！大早晨吃错药了！"

后来，排队的时候，我发现他就在我后面。因此，我戴上耳机开始听音乐，不想多看他一眼。

多么讨厌的一个人！我头脑里一直在愤愤不平。

在第三天的课程中，我找不到座位，好不容易看到一个空位，就赶紧坐了过去。

我们先分享各自的收获。

大家能量满满，每个人都非常坦诚地分享自己这几天的收获。

在互动的时候，各小组的成员还互相拥抱。

后来，我又发现了一个离授课老师更近的位置，就坐了过去。

然而，当我回头和我的小组成员打招呼的时候，我突然想起组里那个可爱的男生，居然就是我报到的时候碰到的那个“讨厌的男生”。

哈哈！那个瞬间，我不由得大笑起来。

这是多么不可思议啊！

面对同一个人，我居然有两种完全不同的判断。

同样一个人，我前后两次对他的判断却完全不一样，这究竟是怎么回事？

A（激发事件）　　B（信念/认知）　　C（结果）

如上图所示：A是这个男生，C是我对他的判断。

第一次，我认为这个男生很讨厌。

第二次，我认为这个男生很可爱。

我的这两次不同的判断，都源自我的信念、我的认知。

我的两次判断反差为何如此之大？当然，男生态度的变化也是原因之一。但我的信念与认知的改变可能才是主要原因。

当我们改变看待事物或人的方式，我们看到的事物或人也会改变……

在刺激和反应之间，我们有选择的自由。当我们意识到我们有选择的自由时，掌控我们信念的“遥控器”就在我们自己手里，结果由我们自己决定。

当我们没有选择时，掌控我们信念的“遥控器”就在别人手里。我们开心抑或不开心，都取决于别人。当掌控我们的

“遥控器”在别人手里时，我们很容易被模式化，没有选择的自由。

所以，做自己人生的主人，先拿回可以掌控我们情绪的“遥控器”是最重要的。这一切从觉察开始。

很多时候，我们听到的只是一个观点，而不是事实；我们看到的只是真相的一角，并不是全部真相。

Part2
识别思维模式
——找到你的情绪触发点

识别情绪路径，找到情绪模式

每个人都有一个情绪路径，比如某一类事情很容易让我们产生负面情绪。但很多时候，我们并没有觉察，没有意识，一辈子被这样的情绪绑架着，从而做出一系列伤己又伤人的行为，事后虽然也会后悔，但当类似的事情再次出现，我们照样会步入原来的情绪路径。

很多人一直处于这样的恶性循环中。那么，如何打破这种恶性循环呢?

第一步，识别你的情绪模式

曾经有一段时间，我陷入了一种情绪模式之中。

我们家孩子如果晚上9点还没有入睡，我就会非常着急。如果我提示之后，孩子还在磨蹭，我就会发脾气，比如：“你现在不去睡觉，我明天就不让你……”这样的情况持续了很长一段时间。我如同被愤怒情绪绑架了一般。

当我们被情绪模式绑架的时候，我们就不能理性思考。我很快觉察到我总是因为这样的事情愤怒。因此，我开始思考，如何改善这种状态呢？

第二步，思考你的情绪模式

我首先思考，在这个模式中，我想要的是什么？

我本来是想让女儿早点儿睡觉，因为我爱她，我想让她有足够的睡眠。当我意识到我每天基本上都处于这种模式、总是被这样一件事情触动的时候，我开始觉察。

当这样的事情再次发生的时候，我停下来，问自己想要的是什么，有没有方法可以解决。

这个思考过程，就是觉察的过程。

当我们觉察的时候，我们就是在有意识地做选择。最终，事情肯定会得到解决。

第三步，找到你的情绪模式

当你被情绪绑架的时候，你会有什么样的反应？

对我来讲，当我的能力被质疑的时候，我就会很愤怒，之后我一般沉默不语；当孩子不听话的时候，我就会很愤怒，之后我会变得很凶。

我们不妨参照下表给自己的情绪模式来个“自拍”。

我想要的是什么？	
我的想法是怎样的？	
我的情绪是怎样的？	
我的行动是怎样的？	
当……我就会……	

按照上表，我们可以有意识地做出选择。

识别你的情绪模式，首先要识别哪种类型的事情最容易让你愤怒，最容易让你有负面情绪。找到了这个模式，只要你能很好地做评估，你很快就能找到你情绪上的模式，然后你就能有意识地做出正确选择。

其实，在这个过程中，你就已经在驾驭你的情绪了。

当然，你的情商在这个过程中会慢慢提高。

看见自己的思考模式

有一天夜里，我梦见自己在给小学生讲课。课程的主题是“一切都是最好的安排”。

半梦半醒中，我听到阳台上有一个奇怪的声音。那个声音在安静的午夜显得格外清晰。我很害怕，头脑中出现了各种恐怖镜头。

经过一番挣扎，我还是决定一探究竟。我到阳台一看，原来是小猫在玩拖鞋。我哑然失笑。

我们总会因为一些小事在头脑中上演不同的“电影”。这些“电影”的内容要么是我们为什么这么可怜；要么是别人如何如何小气，而我们又多么宽容大度；等等。

其实，这些“电影”的主角都是我们自己。而故事中隐藏的情绪往往是恐惧、焦虑、悲伤等。

其中，恐惧是源头。恐惧引发了焦虑、悲伤等。

恐惧是什么？恐惧就是我们无法掌控某些事情时内心产生的不确定感。

那些总害怕别人生气的人，总是喜欢讨好别人。

那些总爱表现自己的人，总是希望得到别人的认同。

那些总是充满敌意的人，总以为全世界人都要害他。其实别人和他八竿子都打不着。害他的是他的模式。他有了固定的模式之后，他的头脑就会根据他的模式编各种“电影剧本”。比如，谁对他不好，谁不认同他，谁说了什么话，谁想害他，如此等等。

看见自己的模式没那么容易，那将是一个撕裂的过程。

向内看的时候，我们会很难受。

而最容易的就是将手指指向别人，比如，别人不认可我，别人对我发脾气了，别人想害我，等等。

我们越是习惯这样，越容易被各种思维模式绑架，从而终生被外界的人或事所控制。

你以为你控制了别人，却不知你已被自己的模式所控制。正如本文开头所讲，当我不知道那是小猫在玩拖鞋，我就会因为恐惧而编造各种故事来控制自己。

有时我们遇到的一些事情或一些人，会引发我们的负面情绪。但当我们放下头脑中幻想的“故事”，愿意体验情绪，同时愿意看见自己的思维模式之后，我们便能感到内心的平静与喜悦。

所以，一切都是最好的安排！

亲爱的，外面没有别人，只有你自己。

当你愿意敞开自己的思想之门时，当你愿意抛下过往那些限制性信念时，当你愿意放下你脑海里的“小电影”时，当你做好朝内看的准备时，一切都将不同！

你会告诉你自己：一切都是最好的安排！

我们之外的世界如同一个三棱镜。我们以不同的角度面对这个三棱镜，这个三棱镜会折射出不同维度的我们。我们如果没有某些模式的话，我们会更平和。

这个世界没有那么多的对与错。一旦进入对与错、非黑即白的思维模式中，我们便不能自已。

我们可以对一些事情表示同意或不同意，但我们无法判断别人是对还是错。

我们只是我们自己的上帝，我们不是别人的上帝。

总而言之，当带着觉察去观察身边发生的事件时，我们会发现一切都是最好的安排。

别被自己固有的思维绑架

我们先来看一个有趣的小故事。

一个人想把照片挂起来。他有钉子，但没有锤子。

他知道邻居有锤子，所以想去借来一用。然而，他脑海里马上闪出一连串顾虑："要是邻居不借给我怎么办？昨天我和他打招呼时，他连头都没点一下。当时，也许他有急事。当然，他也许是不喜欢我。他为什么不喜欢我呢？我对他一直很友好。如果他找我借东西，我肯定会借给他。他为什么不想把锤子借给我呢？一个人怎么能拒绝别人如此简单的要求呢？像他这样的人真可恶。我要好好教训他一顿。"

于是，他冲到邻居家门前，按响了门铃。

邻居打开了门，还没来得及开口说“早上好”，我们的主人公就大喊道：“留着你该死的锤子自己用吧，傻瓜！”

每次读这个故事，我都会忍不住大笑。

每一次笑过之后，我都会想，故事中的主人公不就是我们每一个人吗?

我们经常被这样的思维绑架。

一个早晨，我开车送孩子去上学，到达小区门口时，发现前面排了很多车，隐约间还能听到前面有争吵声。

我下车一问才知道发生了什么。一个中年女子因为保安问了她一句“你有这个小区的车证吗”而非常生气，对保安不依不饶，最后竟然把车横在小区门口，下车关门走人了。

这是多么小的一件事。

其实，这个女子有车证，只是没有放在车前面而已。保安职责所在，简单地问一下，也没什么错。

不难想象，当时该女子的头脑里可能有很多疑问，比如，“你凭什么问我有没有车证？”“你算老几？”“你怎么能用这样的口气对我说话？”等等。于是，她开始在自己的思维里放她自导自演的电影。然后，她把车横在小区门口，扬长而去，完全不管别的车辆如何出入。

我也有类似这样的被思维绑架的经历。

有一段时间，我和一个业内的朋友深聊了几次。我们发现我们有很多共同话题。

后来，有一次我想和他探讨一个问题，于是在微信上发消息给他，但他没理我。

我当时就如同上文中的女子一样，有了很多疑问：“他为什么不理我啊？”“他以为自己很牛啊！”等等。

我很快觉察到自己正在脑海里为自己放我自编自导的电影。我的思维被绑架了。

其实，事实根本不是我想象的那样。我现在还和这个朋友保持着很好的交流。

我觉察到自己特别在意这样的事情。我总是希望别人能在第一时间响应我的需求，但这可能吗？

当我们越来越多地被自己的思维绑架时，我们就会越来越痛苦。那么，如何才能不被自己的思维绑架呢？

最有效的方法是把我们习惯性的评判思维暂时“悬挂”起来，然后来个“自拍”。如何悬挂，又如何自拍呢？

我们经常会自拍，会摆各种姿势来自拍。我们也可以给自己的思维来个自拍——各种角度的自拍。比如，我们对某个人有一个评判，我们可以将这个评判“悬挂”起来，然后开始“自拍”。这里的自拍也可以有各种角度的自拍。

第一，换个身份来个自拍。比如，我们可以设想一下，我们最尊敬的某个人——他会如何看待当下这件事呢？

第二，换个时间来个自拍。比如，我们来个穿越，设想一下我们10年后会如何看待当下这件事情呢？

第三，换个空间来个自拍。比如，我们可以设想一下，换一个场合，我们又会如何看待当下这件事呢？

通过这样的自拍，我们可以更加全面地看见自己。在这样的自拍中，我们可以将自己从负面情绪中解放出来。

设想一下，我们在牛角尖里待着的时候，我们看到的是什么？当我们从牛角尖里走出来，骑在牛背上的时候，我们会有什么感觉？我们看到的又是什么？一定是绿油油的大草地，爽！

通过悬挂思维，通过自拍，我们可以回到当下，我们不会再被自己的思维绑架，我们因此能找回自己的力量。

这个时候，要想把照片挂起来，我们就有很多方法了。我们可以出去买一把锤子，我们可以很平和地去跟邻居借一把锤子，我们也可以找一个小时工来帮忙。

找到自己的情绪触发点

当我们带着觉察生活的时候，我们会发现很多成长的机会。

当我们的觉察能力越来越强，当我们越来越能意识到自己的思维模式，我们就越不容易被我们的思维模式绑架。

我有一次去爬山，很多人与我同行。

其中有一个女孩，她比我小很多。她非常强势，喜欢批判，一路上一直对她的男朋友发脾气。

慢慢地，我开始和这个女孩说话。同时，我立刻有了一个觉察，我一直在试图讨好这个女孩。在我觉察到这一点时，我立刻意识到那是我面对父亲时的讨好模式。

我父亲非常爱我。毫不夸张地说，我从小到大，他没有骂过我一句。父亲脾气暴，而且很强势。我经常能看到他和母亲吵架。每当这个时候，母亲就会把我搬出来当救兵。

慢慢地，我们家有了这样一个传统：任何时候，只要父母吵架，我就会被迫充当一个协调者的角色。

也就是说，家人会让我去“讨好”父亲。

我必须客观地讲，这让我受益。比如，我因此学会了察言观色，学会了在意别人的情绪，学会了感同身受，学会了协调紧张的氛围。但同时，我也因为太在意别人的情绪而变得太过敏感。

一个人若过于敏感并且十分在意别人的情绪，他往往会受很大的伤。

有的时候，我们敏感并不是因为别人说了什么、做了什么，而是因为我们在自己的头脑里将一个事件重新演绎了。

这就是我们的一种情绪模式。

比如，面对那个强势的女孩，我很快有了反应。我不能让这个女孩发脾气，我要制止她，我要缓和现场紧张的气氛。这个模式和我小时候去讨好父亲的模式一模一样。

外在事件、触发点、内在模式、自动化的反应……破解这一过程最好的方法就是觉察。

我们要去看见自己的触发点，看见自己的内在模式，从而在做出自动化反应前停下来。这能让我们在外在事件和自动化反应之间找到一个空间。

伴随着这个空间的不断拓展，我们会有越来越多的有意识的行为，而不是被过去的模式所绑架。

这样的成长，能让我们越来越多地处于放松状态。

我接着讲我那次的爬山经历。

当我意识到自己对身边这个还不太熟悉的强势女孩的无意识讨好之后，我就刻意放松自己，只专注于自己的事情。

然后，我那天一直很快乐。

看清自己，才能看清别人

在我的一次培训课上，一个学员和我进行了一番很有趣的对话。

学员说："爱芬老师，有 次我排队等车时，有人插队。别人都不管，我站出来说了那人一顿。我为其他人的隐忍感到十分气愤。事后琢磨这事，我当时是不是不该有那样的情绪，不该生气？可插队就是不对的啊！我难道错了？我太较真了吗？"

我说："说出来没关系啊！你如果觉得插队不对，就去表达你的想法，没有问题。从情商的角度来看，你在指出那个插队的人的错误的时候，你的情绪是什么？"

学员说："我特别生气……是不是不好？"

我说："我们不要用好或不好来判断。同样面临有人插队的事情，A走过去对那个插队的人很礼貌地讲：'这里要排队，麻烦您排队。'然后这件事情就结束了。而B走过去对插队的人说：'你眼瞎啦！没看到大家都在排队吗？'我有一点夸张啊！不是说你。你觉得A和B两个人的处理方式，哪一种更合理一些？"

学员说："嗯！我有点儿明白了。"

我说："你觉得谁的处理方式更合适？或者你是A还是B？"

学员说："我介于A和B之间吧。也许，我的语气更像B的语气。"

我说："你说话的语气代表了你内心的愤怒。你可以问问自己：'为什么我这么在意这件事情？这件事情为何如此触动我？'不要把注意力放在别人插队这件事对不对上！生气没有对或者不对。生气只是在提醒你，你不喜欢这件事情而已。"

学员说："哦，我明白了。"

我说："慢慢来，在学习控制情绪这条路上，我也摸索了很久。即使现在，我偶尔也会爆发。"

学员说："我是不是可以这样理解，只要能处理好情绪，就算再难的事都能很好地得到处理。"

我说："嗯，同一件事情，不同的人会有不同的看法，不同的人会有不一样的情绪。我们在处理问题的时候，是可以有情绪的，重要的是我们是带着觉察去识别情绪，还是在无意识中被情绪绑架。"

学员说："以前，大家都说我脾气好，我也这样以为。听完您的课，我发现我还没找到自己的情绪爆发点。我得好好留意一下自己的爆发点，引导自己调整好。另外，我这几天突然发现我原来也有阴暗的一面。听了您的课，我知道自己可以接受这样的自己，不用害怕自己也有不好的一面了。"

我说："是的！我们接受了自己的阴暗面，它就不会以其他方式出现了。"

学员说："谢谢爱芬老师！能接受自己不好的一面，我感觉心里轻松多了。"

我们对别人的评判其实源于我们对自己的批评与不接受。

我们说别人爱计较，是因为我们内心也爱计较。

我们说别人懒，是因为我们也懒。

我们说别人强势，是因为我们也强势。

别人身上的某些特质，我们之所以会特别在意，是因为我们身上也有这些特质。

当我们指着别人讲“你如何如何……”的时候，是因为我们内心并不轻松。

我们指责的实际上是我们自己，尽管我们不愿意承认。

我们可以问问自己：我为什么这么在意某些人的某些特质？我自己也是如此吗？

是的！选择看见自己阴暗的一面很难受！

然而，时间长了，我们就会发现这是最好的疗愈方式。

看见的过程就是清理的过程。

Part3
抛弃不合理信念
——给自己一个放松的机会

与
负面情绪
握手言和

抛弃不合理信念，别和自己过不去

关于本文的主题，我从我的一个来访者——李莉的哭诉说起。

“为什么所有人都和我过不去？”李莉一见我就大倒苦水，“为什么别人达到目的很容易，而我要想达到自己的目的就那么难呢？为什么别人处处为难我？”

于是，我让她谈谈别人是怎么和她作对的，别人是怎么针对她的。

李莉给我讲了她最近的遭遇。她是一个小学语文老师。她所在的学校最近组织了一次针对全校老师的校内培训。

那天，李莉家里正好有事，就没去参加，但她忘了和校长请假。

校长后来非常生气，批评了李莉。实际上，当天有好几个老师都没有参加这个培训，但校长只批评了李莉。

李莉认为这是因为那几个老师都是关系户。李莉还觉得校长为此生气太小题大做了。

还有一件事情，也让李莉大为恼火。李莉的一个同事在一个学生面前说李莉的不好。结果，这个学生把这件事告诉了李莉。

李莉很生气，于是找到那个同事当面对质。双方最后还闹到了校长那里。李莉觉得校长只批评了自己，而没有批评对方。

李莉说她还有很多类似这样的经历。

最后，李莉说这个学校环境太差；老师素质低，喜欢钩心斗角；大家都在针对她。李莉说自己本来是一个有理想、有目标的人，可现在却和这样一群人工作在一起。

李莉说，自己每天强颜欢笑，表面上快快乐乐，实际上却十分痛苦。

听完李莉的倾诉，我给她讲了一个故事。

一个人开车到一个小镇旁的加油站加油。

其间，他问加油站的员工："这个镇上的人怎么样？"

加油站的员工反问他："你住的那个镇上的人怎么样？"

这人回答："很不友好，真是糟透了。"

加油站的员工说："这个镇上的人也一样糟糕。"

这人听后摇摇头，驶离小镇。

过了几天，又有一个人来加油，并且问了同样的问题："这个镇上的人怎么样？"加油站的员工也反问了同样的问题。

这个人回答说："他们好极了，十分友好。"

加油站的员工说："这个镇上的人和你住的那个镇上的人一样好。"

这个人听后高兴地开着车，驶向小镇。

采取什么样的态度，就会导致什么样的行为。

采取什么样的行为，就会导致什么样的结果。

好的态度会引发好的行为，会引发好的结果。

不好的态度会导致不好的行为，会导致不好的结果。

这就是“态度—行为—结果”的演变模型。

当然，结果反过来也会影响我们的态度和行为。

因此，**我们的认知行为模式是良性循环，还是恶性循环，关键在于我们采取什么样的态度看问题。**

很多时候，我们采取的态度源于我们的信念和视角。

我们有很多信念、很多“认为”。比如，李莉的信念是，学校的人都喜欢钩心斗角，都在和她作对，等等。

问题是，李莉只能站在这样的视角看问题。

李莉所有的“认为”都是自己思考的结果，而且她会不断地给自己的“认为”寻找佐证，因此她会越来越觉得自己的“认为”是对的。比如，校长批评她，她不会考虑自己的问题，只是认为校长在针对她，认为别人都在看她的笑话。然后，她会一遍一遍地告诉自己：“看，我没错，这些人素质就是低。”于是，她的那些“认为”证据确凿，她的那些不合理信念更为顽固。

如果李莉不能摆脱自己的思维模式，那么她就无法终止这样的恶性循环。

所以，是谁在和你作对，是谁在和你过不去，是谁在处处为难你，你知道了吗？

多看看自己的需求和感受

有一次，我做了一个小实验，我在脑海里把我刚刚经历的一件不愉快的事情仔仔细细捋了一遍。

我发现，在我把整件事像播放电影一样在脑海里播放的过程中，所有的镜头里都没有我。我只是将别人无限放大。

也就是说，我更在意别人的感受、别人的情绪、别人的表情。

这件事情给我很大的震撼。

我从中意识到自己的一个模式，我太在意别人的感受，甚至远远超过对自己的关注。能照顾别人的感受有时是一种优点，但是过犹不及。太在意别人的感受绝对不值得提倡。

我在觉察这个模式的过程中，头脑里一直有这样一个声音："让别人怎么想呢？让邻居怎么看呢？小声点！让人笑话！"发出这个声音的人是我的妈妈。

我决定给妈妈打电话，把这个声音（信念）"还"给她。

这是我和妈妈的一次非常成功的电话沟通。

我和妈妈讲了这件事情。

妈妈当然又是站在别人的角度和我说："人家的性格就是那样。你要理解！"

这一次，我告诉妈妈，我不想再站在别人的角度考虑了，否则我将更受伤。

妈妈一直这样教育我，而她自己也一直是这样。

我们如果总是害怕别人笑话，害怕别人伤心，害怕别人……那我们自己呢？

妈妈出生在一个地主家庭。在她很小的时候，姥爷每天被批斗，姥姥被迫去扫大街。那段充满恐惧与羞耻感的生活让她养成了谨小慎微的性格，她非常在意别人的看法。

而在我成长的过程中，她又将这些灌输给了我。

“让别人怎么想呢？让邻居怎么看呢？小声点！别让人笑话！”我有点受不了这个声音。

“亲爱的妈妈，你不用活在别人的世界里。从今天开始，你应该为自己而活，而不是为别人而活。你要先为自己而活，活出自己的精彩。而我自己，从今天开始，我也要把你给我的这些信念还给你。我们都要学会清理这些信念。”

挂了电话后，我感觉自己的内心发生了微妙的变化。

我感谢妈妈。

我本以为这会是一次非常艰难的对话，没想到妈妈完全认同我的理念，并且愿意和我一起尝试改变。

我十分高兴。

我们在成长过程中，父母会给我们很多信念，比如，有志者事竟成，努力才能成功，人活着就是要为别人考虑，等等。

有些信念能给我们能量，让我们成长。

有些信念则会限制我们的成长。

有些信念开始对我们也许是有用的，但随着我们慢慢长大会限制我们的成长。比如，我妈妈给我的信念——“别让别人笑话，让别人怎么想呢？”

这些信念曾经给了我很多帮助，让我能站在别人的角度考虑问题。

我因此有了很多朋友，并因此抓住了很多的机会。但当我完全活在这个信念里的时候，我就会被这个信念绑架，我会活得很累。

任何事情都要先考虑别人，我们便失去了做自己的力量与勇气。

如果我们能意识到这些，我们可以将其还给对方。比如，我给妈妈打电话，就是要把我的那个信念还给妈妈，同时也建议妈妈把这个信念清理掉。

成长是一辈子的事情，成长的过程就是认识自己、接纳自己的过程。

当我们意识到我们有更多的选择时，很多限制我们发展的模式就会被我们解除，我们就能找到更大的力量和勇气！

给情绪机会，就给了“我”机会

最近，偶然看到自己几年前写的一篇文章，我发现里面满是抱怨。

当时，我在旅游途中迷路了。我好不容易回到酒店时，老公没有一句安慰我的话。

于是，我心情低落地写了好长一段文字，诉说自己如何可怜，埋怨老公如何不体贴。

这件事，以我和老公大吵一架收场。

长期以来，我有一个情绪模式，那就是受害者模式。

遇到不开心的事情时，我的第一反应是顾影自怜，觉得全世界都对不起我。

我还会在自己的头脑里“播放电影”，剧情主线是——不开心的事让我好伤心。这就是心理学上讲的“刺激—反应模式”。

也就是说，遇到不开心的事情时，人会直接进入惯有的反应模式。

这种“刺激—反应模式”，会让处于热恋期的恋人更加甜蜜。但对于中年男女来讲，这种模式会让他们崩溃。

设想一下，你的另一半能数十年如一日忍受你这样的模式吗？如果对方忍受不了的话，你们之间会发生什么呢？

我曾经的一个同事，脾气超级暴躁。有段时间，大家一度都不敢和她有任何交集。

一旦发生不愉快，她都会第一时间指责别人。她总觉得是别人没有做好，才会导致这样的结果。

有一次，一个好心的同事帮她发一个快递，但由于种种原因没有及时发出。在公司会议上，这个脾气暴躁的同事说因为那个同事没有及时发出快递，导致她的合同没有按时签订，她的业绩也就没有完成。

总之，她总是怪罪他人。

听起来是不是有些夸张？但我们身边就有不少这样的人。

这种类型的人也有一个情绪模式，那就是指责者模式。对这样的人来讲，他们认为自己永远没有错，错的都是别人。

这种类型的人遇到不愉快的现实，头脑里也会“播放电影”。“电影”的内容是别人如何愚蠢以及如何影响了自己。

这种人的“刺激—反应模式”就是，每每遇到不开心的事情，都会指责别人。

不管是拥有受害者模式，还是拥有指责者模式，我们都没有力量掌控自己。

我们的情绪“遥控器”掌握在别人的手里。别人按“1”，我们就会像怨妇般自怨自艾；别人按“2”，我们就会立刻变得盛气凌人。

刺激之后就是应激反应，这个反应可能是逃跑，也可能是战斗。

当我们完全按照刺激做出反应时，“我”在哪里？

刺激和反应之间若没有空间，也就没有“我”的位置。

"我"不在这里，不在此时此刻，所以"我"的反应只能是在对方的刺激下的第一时间的本能反应。

如何腾出空间给"我"？

首先，最简单的方法还是深呼吸。深呼吸可以让我们的意识和我们的身体先有一个连接，从而避免第一时间做出本能反应。

其次，我们可以觉察一下，在我们给自己放"电影"的过程中，我们的头脑里有没有限制性的信念。

比如，在自怨自艾或盛气凌人的时候，我们可以试着觉察一下我们的头脑里有没有这样的字眼："应该……必须……不是这样就要那样……完蛋了……我就是最好的……"我们如果有这些信念。这些限制性的信念就会像毒瘤一样影响我们的行为，导致我们做出错误的反应。

最后，我们可以将自己暂时抽离出来。比如，我们可以想象自己变成了一只大鸟在天空翱翔。看着眼前发生的这些事情时，大鸟会做出什么样的选择呢？我们可以这样思考一下。

我们若愿意把觉察当成自己的一种习惯，慢慢养成每天都

能觉察的习惯，这就相当于我们养成了清理心理垃圾的习惯。

我们将心理垃圾清理得越多，我们为自己腾出的心理空间就越大。心理空间越大，面对一件事情时，我们就有了更多的选择。

有了更多的选择，我们就重新拿回了能掌控我们情绪的“遥控器”。

合理使用超级悲观思维，修炼乐观思维

觉察的过程是痛苦的，甚至有种撕裂的感觉。比如，你是一个悲观主义者，看问题时，你更倾向悲观。

你的悲观性格不是一朝一夕形成的，可能和你从小接受的家庭教育、你的成长环境有关。悲观地面对一件事情的时候，你首先想到的是不好的后果、做了这件事情会怎么样，哪怕这只有万分之一的可能。

于是，你会做这样的决定："好了，这件事情我还是别做了。不做，也许没什么事情；做了，也许就倒霉了。"

悲观的你看待所有事情都将带着这样的信念。结果就是，做任何事情，你都会畏首畏尾。因为，你用自己的悲观把自己捆绑住了。

如果你懂得觉察，你就能思考自己为什么会这样，也许是因为你小时候经历的一件小事，也许是因为父母曾经的一句话。

当你敢于觉察了，敢于和自己的创伤对话了，你会发现其实你没有想象中那么痛苦。

这是一个让你重新获得力量的过程。

另外一个方法就是用目标和愿景激励自己。当一件事情发生的时候，你可能习惯于从悲观的角度去看这件事。此时是自我觉察最好的时机："哦！我又悲观了，又被自己的内在对话催眠了。"

然后换个角度去想这件事情，你的目标是什么呢？这样一件事情成功了，会是什么样子的呢？

当你清晰地在头脑里想象那个画面的时候，你就有了做好这件事情的能量。

当你把你的能量聚焦于"我要做好这件事情"的时候，你全部的能量都会帮你想办法——如何才能做好这件事情！那么，你就没有多余的能量去悲观了。

反之，当你习惯了悲观，那么你将会一次又一次被自己逼到墙角。如同给家里的地板刷油漆，你一边刷，一边倒着走。在刷完地板之后，你会发现自己已经被逼到墙角无法行动了。

当你把能量聚焦于过去的时候，你所想到的都是过去那些不好的体验，于是你十分害怕再次触碰那些心里的“梗”。

如果你能把能量聚焦于未来，你将有更多办成当下某件事情的动力和信心，而不是害怕。

人一直在成长。觉察也许会让你有痛苦的感觉，但如果你能持续地去觉察，你将收获喜悦和满足。

所以，我们要学会修炼我们的乐观思维。

什么叫修炼乐观思维呢？工作不满意，然后就假装满意，这不是乐观。我们这里的乐观是什么？是基于现实的乐观。

我们可以从悲观和乐观两个角度看。

当一件不好的事情发生时，悲观的人会觉得这件事情会影响他一辈子，会觉得自己很倒霉、很绝望；乐观的人，则会觉得这件事情就是一个独立的、偶然的事件，不会有什么影响。

如何修炼乐观思维？我在这里为大家提供一个方法——合理使用超级悲观思维。

什么是超级悲观思维呢？字面意思就是习惯特别悲观地看待所有事的思维。比如，你现在正面临一个难题，你很纠结、很难受，甚至觉得实在无能为力了。

这时，你可以用超级悲观思维将这件事可能导致的各种最糟糕的结果写下来。

之后，你会发现什么？你会发现这些设想根本不可能发生。那你还有必要这么纠结吗？当然没必要了。

超级悲观思维很像我们一直谈的情绪，我们要让这种“情绪”流动起来。比如恐惧，你为什么恐惧，因为害怕。你越害怕，你越会进行各种想象，然后你将越恐惧。但是当你把这个恐惧拿出来，放在“手上”，将它看清楚了，你会发现它并没有那么可怕。

我们不妨把情绪理解为一个怪物。当情绪怪物来敲门时，你越害怕，越抗拒它，它越会靠近你。这个时候，你的恐惧就会被无限地放大。但是如果你能换一种角度，一切将不一样。

情绪怪物来了，恐惧来了，没关系！原来是恐惧来了，请进来，坐下来歇一会儿吧！你继续做你该做的事儿。

然后，你会发现，若没有人“喂养”它，它会觉得很没意思，然后自己就走掉了。

我们的负面情绪，我们的恐惧，我们的愤怒，之所以侵蚀我们，就是因为我们不接纳它们，我们总在跟它们对抗，总在给它们能量，总在“喂养”它们。

如果你不再“喂养”它们了，它们即使来了，也会无趣地走开。所以，情绪没有正负之分。

情绪传递给我们的信息是什么？找到这个信息，接纳它，然后做出选择。

可以说，超级悲观思维是一种方法，能帮助我们养成乐观思维。有了乐观思维，我们便能用乐观思维进行思考，从而拥有更多正向情绪。

外面没有别人，只有你自己

畅销书《踏上心灵幽径》里有一个很有意思的小故事，我在这里分享一下。

话说，有一个年轻人立志禅修，但他一直都很叛逆。比如，他经常和女友吵架，他说女友想控制他。

后来，他去印度游学，在禅修中得到初步的美好体验后，决定要专心修行，以让自己变得清明、纯净、安详。

然而没过多久，他发现自己又陷入了各种冲突。日常工作太多，他没时间连续禅修。访客和偶尔经过的车辆也会打扰他。他觉得老师也没能给他足够的指导，以致他的心整日无法平静，因此收获不佳。

总之，这个年轻人努力让自己心境平和，想要找到自我安慰的方法，却总以自我对抗收场。

在一次集体禅修结束后，老师开导他说："你若和每一件事对抗，所有事物都会干扰你。工作会干扰你，甚至你的心也会干扰你。怎么会这样呢？你不觉得很奇怪吗？当你听到车子经过的声音，它真的会过来干扰你，还是你会走出去干扰它？究竟是谁在干扰谁？"

听完老师这一番话，年轻人不由得开怀大笑。那一刻，他开始学习如何停止和自己对抗。

而我自己也有学习停止和自己"作战"的经历。

我曾有三个不喜欢的人。

第一个人，家境优渥，动不动跟我说她花几千甚至几万元买了一双鞋子，花几万元买了一个包。我之所以不喜欢她，是因为她已经富足到无须炫富了。

第二个人，她每天在朋友圈里"秀"所谓的正能量，"煲"心灵鸡汤。而我认为，喜怒哀乐是人之常情，是正常的人性。

至于第三个人，我甚至不想和她说话。我总觉得她是戴着面具做人，言谈之间处处在讨好甚至巴结别人。

后来，我就问自己，为什么我这么不喜欢她们呢？她们愿意怎样关我什么事呢？

再后来，我终于想明白她们的事确实与我无关。但我为什么不喜欢她们呢？因为我“羡慕嫉妒恨”！

当我想到这里的时候，另一个我立马跳起来为自己辩驳：“没有啊！我有吗？真的没有！怎么可能啊！”

我反躬自省，自己的潜意识里是有“羡慕嫉妒恨”的。

如果外界有一些人或事触发了你内心的某个痛点，这些人或事一定带有你内心的投射——你自己不愿看到的自己的一面。

别否认，别着急跳起来，去倾听一下自己内心的声音，问问自己，你不喜欢别人的时候，事实上你想要的是什么？

你也想有更多的钱？“不可能！我对我现在的生活状态很满意！”我写到这里的时候，我脑袋里有一个声音拼命在否定。

其实谁不想要更多的钱呢？富足的状态，是我想要的。

谁不想每天的生活都充满阳光呢？充满阳光的生活，是我想要的。

也许，人家真的已经修炼到了那个状态，人家的生活里就是没有所谓的负能量。

原来我真的是在羡慕人家那个状态。好吧！我想要的就是这个，那么我就朝着这个方向努力。

而第三个我不喜欢的人，我为什么觉得人家假呢？因为我有一个信念："只有通过努力才能过上幸福的生活，而她一直没怎么努力就过上了好的生活。她怎么可能幸福呢？她的生活一定是很无聊的。"这是我的信念。当我看到她没有很无聊的时候，我觉得她真假，明明无聊，还假装不无聊。

哈哈！多么可笑！这是我的问题，和别人无关。

谢谢这三个人！虽然她们并不知道我不喜欢她们，但她们却给了我深刻的自我觉察的机会。

看到这里，也许你会想，这么剖析自己累不累啊！会累！剖析自己，还会很不舒服。

这个过程很像打扫好久都没打扫过的房间。房间里面布满了灰尘、蜘蛛网，好多东西都发霉了。你若不愿意面对这一切，房间将一直混乱不堪。

如果你愿意打扫一下，愿意面对灰尘，愿意面对蜘蛛网，愿意把那些发霉的东西拿到阳光下晒一晒，最终将收获一个最好的自己。你将重新拥有窗明几净、充满阳光的房间。

在这样的房间里，你将无限快乐。

亲爱的，外面没有别人，只有你自己。一切问题的根源都在我们自己！改变自己，一切都将改变。

别给自己贴标签，我们不能代表任何情绪

王女士做销售很多年了。她业绩很好，和客户关系也好，但偶尔也会感到十分烦躁。比如，每当客户总是重复地问她一些十分简单的问题时，她就会感觉特别烦躁，有时甚至因此打断客户。

一天，王女士来参加我的课程，在课堂上分享了自己的烦恼。

于是，我们之间发生了一段有趣的对话。

我说："当你烦躁的时候，你是如何感觉你的烦躁的呢？你身体里的感受是什么样的？"

王女士说："客户不断地问我十分简单的问题时，我就会

很烦躁。我烦躁的时候身上很热，总想打断客户，而且我说话的语气也会很不好。”

我说：“那你觉得什么样的人遇到这样的事情时不会烦躁呢？”

王女士说：“对维护客户关系不上心，本身也不打算进步的人应该不会为此烦躁。”

我说：“那你曾经有过对客户很烦躁但又处理得很好的经历吗？”

王女士说：“原来也有过。当我意识到自己很烦躁的时候，我会放慢语速，并站在客户的角度去思考问题，如‘我对这些问题都十分熟悉，所以觉得很简单，但我的客户对这些问题并不熟悉，所以他们才会问如此简单的问题。而且他们之所以这样不断地问这些简单的问题，很可能是因为他们真的对我们的产品有兴趣’。这样一来，我就会非常认真地去倾听客户的问题。”

我说：“那么，下一次你再遇到这样的客户时，你会怎么做呢？”

王女士轻松地笑了，因为她已经有了答案。

一个人处在一种情绪中的时候，很容易沉浸其中，而且还很容易给自己贴上相应的标签，如“我就是一个容易烦躁的人”。

这种时候，我们就是将自己和情绪画上等号了。

事实上，情绪只是我们的一部分。

情绪是一个信使，是要告诉我们一些信息。比如，在王女士的案例中，她烦躁的情绪是要告诉她，她和客户的关系出现了问题。

总之，当我们明白情绪不是我们自己，只是我们身体的生理反应，我们就有机会学会驾驭自己的情绪。

别给自己贴标签，我们不能代表任何情绪。

Part4
拥抱内在小孩
——接纳不完美的自己

与
负面情绪
握手言和

每一种情绪都自有来处和去处

小甘告诉我，她最近遇到一个女人，每次和对方沟通都感觉十分疲惫，心情也极差。她试图找到其中的原因。

我问小甘："这个女人触动了你什么？你的情绪为什么如此糟糕？你和她来往的时候想起了谁？"

小甘陷入了沉思。

很快，她说她想起了两个人，一个是她的姐姐，另一个是她的嫂子。

"她们和她很像，能力强，发起脾气来毫无顾忌，让你恨不得找一个角落藏起来。"小甘说。

小甘和姐姐相差一岁，所以她们从小到大几乎天天在一起玩。小甘的姐姐美丽、外向，人们都喜欢她。但小甘的姐姐也有让人恐惧的一面，发起脾气来谁也劝不住。

有一次，小甘和姐姐一起出去玩时，不知因为什么原因吵了起来。姐姐对小甘一顿拳打脚踢，小甘至今想起来仍非常害怕。

后来，家里又来了一位新成员，就是小甘的大嫂。

大嫂刚嫁过来的时候，小甘还在念小学一年级。

大嫂和大哥好的时候，异常恩爱。但他们闹矛盾的时候，一句话不合就会大打出手，甚至殃及小甘和小甘的姐姐。

相当长一段时间，小甘最害怕的就是过节。因为每到过节时，家人就会聚在一起喝酒，而喝酒之后往往就会打架。

每每这时，小甘都非常害怕，会躲在一个角落里，同时十分希望地上能有一个洞，她好钻进去，远离这一切。

小甘记得自家房子后面有一座小山，她经常一个人躲在小山上哭泣，能哭很久。

小甘很是庆幸自己初中就开始住校，因为正好可以远离这样的生活。但那种害怕别人突然大发脾气的情绪却一直深深地印在她的心里。

小甘经常想起姐姐和嫂子怨恨的眼神，以及她们无所顾忌的情绪大爆发。

这让小甘十分恐惧。

而文章开头的那个女人的出现，触动了小甘心里深藏的恐惧。这就是小甘每每和她接触都会身心俱疲的原因。

每一次面对肆意发脾气的人，小甘总担心他们不知道什么时候就会爆发，而且总是毫无顾忌地爆发。

从小甘的叙述中，我能感受到她内心的恐惧。

于是，我试着引导小甘深呼吸，接受这种感受，敞开怀抱，直面一切。我引导小甘和她内在的小孩对话："我和你在一起，我很清楚你的感受。那是过去的你所能做的最好的处理方式。谢谢你所做的一切。我现在已经长大了，让我们一起面对。我爱你！"

在小甘做深呼吸的时候，我看到她泪流满面。

紧接着，小甘对我说："谢谢你，我明白了。我看见了我内在的小女孩。我意识到，她一直在等我，等我看见她，等我给她拥抱，等我和她一起长大。"

小甘找到了自己情绪的来源，释放了曾经的恐惧。

也许以后她还会碰到这种类型的人，但她已经明白，她已经不再是当初那个瘦弱的小可怜了，她已经长大，她自己可以去任何地方，接触很多人，做很多事。

小甘也将明白，别人不过是擦肩而过的路人，再没有人能影响到她。

性格即命运，每个人都有很多过去。

有些过去，需要慢慢地去消化。

在人生这条路上，也许很多时候我们是孤独的。但我们转身的一刹那，彩虹也会为我们喝彩！人生是如此精彩！

看见并接纳我们的“内在小孩”

我一直以来都在试图告诉自己要学会接纳，接纳自己的情绪，接纳不完美的自己，等等。

我也一直在这样做，虽有一些效果，但总觉得这条路走起来有点累。

思想上的接纳不是真正的接纳。

接纳需要走心而非走脑。

有时候，最好的疗愈仅仅是学会接纳我们的“内在小孩”。

有一次，一个同学找我倾诉。最初，她非常愤怒，我能看到她内在那个愤怒的小孩。她也描述得很清楚，她看到一个愤怒的小孩，头发乱蓬蓬的，没人管。然后，这个小孩就使劲砸东西，把周围能砸的东西都砸碎了。

我第一次给她做治疗，她觉得没效果，不停抱怨、生气。

我本想打退堂鼓，便去向我的老师请教。

老师建议我多帮助她。

于是，我安静下来重新给她做情绪疗愈。

我没有说太多的话，只是告诉她，让她接纳自己的愤怒，允许自己愤怒。

在这样的情况下，她整个人都变了。当那个愤怒的小孩被接纳后，她看到一个开心的小女孩。小女孩在收拾那些被砸碎的东西，还穿上了小裙子，但这个小女孩还是有些担心，担心接下来妈妈会找她麻烦。

于是，我继续努力。直到最后，她接受有点女汉子的自己了。

没想到效果非常好，我不敢相信这是真的。整个过程，从发泄愤怒、允许愤怒、接受愤怒、释放愤怒到情绪大变身，都非常顺畅。

下面，我分享第二件事。

在一个课程上，当一个同学讲到自己和母亲的关系时，她讲道，她和父亲关系很好，能手挽手逛街，但和母亲却无法做到这些。当听到她的描述时，我瞬间崩溃，号啕大哭，因为我联想到了我自己。

我坐月子的时候，妈妈来北京伺候我。那段时间，我经常和妈妈吵架。后来，爸爸来了之后，我们经常一起去逛街。

那个时候，我也常挽着爸爸的手。我和爸爸走在前面，开心地聊着天，妈妈则跟在后面。我觉得这是非常自然的，完全没有在意妈妈的感受。

后来，妈妈拿这个场景跟我开过好几次玩笑。爸爸1.86米，我1.68米，而妈妈还不到1.6米。矮小瘦弱的她跟在我们后面，我们完全没有关注过她。

此时，我体会到的情绪是内疚，是对妈妈的内疚。

我每一次感受这种内疚情绪的时候，我的左肩膀一直在疼。后来，我感觉到，当我允许内疚情绪存在的时候，我左肩膀的疼痛在减轻。

之后，我的左肩膀竟然奇迹般地不疼了。确实，这是一件非常神奇的事情。我甚至不敢相信这是真的。

一切都源于情绪的接纳。

找到你的内在小孩，接纳他的一切。情绪不过是一种能量。当负面情绪太多的时候，我们的身体就没有多余的空间让正面情绪进来。

这个时候，给自己多少正面的暗示，比如“我很棒”“我是优秀的”……都没有用。我们能做的首先就是允许，其次是释放，最后才是转换。

每个人在成长的过程中，都难免受伤。

看见、接纳自己的“内在小孩”，可以让我们看见过去受伤的自己。情绪只有被我们看见了，才能被我们接纳，才有可能被释放。

所以，一切先从接纳开始，尽管接纳并没有那么容易。

懂得接纳，善待你的情绪“小孩”

电影《头脑特工队》讲述的是五个分别叫作“喜悦”（joy）、“恐惧”（fear）、“厌恶”（disgust）、“愤怒”（anger）和“悲伤”（sadness）的“情绪小孩”的故事。他们生活在小女孩莱莉的大脑里，不时挺身而出保护她的安全，逗她开心。只有整天昏昏欲睡、十分笨拙的“悲伤”是个例外。

其实，我们每个人的大脑里都住着这样的五个小孩，但每个人大脑里当家做主的情绪小孩却不一样。比如，莱莉大脑里当家做主的小孩是“喜悦”，而她爸爸大脑里当家做主的小孩是“愤怒”。

不管哪一个情绪小孩当家做主，其他四个情绪小孩也都是存在的。并且，很多时候他们总是在一起。比如在《头脑特工队》中，“喜悦”总是和“悲伤”在一起，但“喜悦”最初并不喜欢“悲伤”，什么事情都不让“悲伤”参加，只让他在一边待着，甚至还画了一个圈让他待在里面不能出来。

有一次，他们在一起时迷路了。在寻找路的过程中，“喜悦”重新认识了“悲伤”，发现了“悲伤”的力量。而且，“悲伤”让莱莉一家更加紧密地联结在了一起。

在电影最后，莱莉和家人分享了自己关于悲伤的感受，然后他们一家三口紧紧相拥在一起。

看完电影，我最大的收获就是学会了要“接纳”情绪，尤其是要接纳负面情绪。

负面情绪很多时候就像一份礼物，它的存在就是要告诉我们：“亲爱的，因为这件事情你很伤心。你需要家人的爱。”

我们往往不愿意看到悲伤存在。我们甚至一味地认为喜悦是最重要的，所以恨不得把悲伤“圈住”了，永远不让它出来。

看完电影，我的另外一个收获是，我们要试着训练大脑，以让它时时发出正确的信号。

如果你经常采用“愤怒”这个孩子的行为方式，你就很容易被你大脑中那个愤怒的孩子绑架。结果，你不再是你自己，你变成了你大脑中那个愤怒的孩子。

也就是说，愤怒控制了你。当任何外界的刺激来临时，你都无法做出理性的反应，你无法思考，因为你被愤怒“绑架”了。

那该怎么办呢?

你要学会接纳你的愤怒，你要知道愤怒这个孩子之所以这么活跃，是因为他要送你一份礼物，比如他可能是要提醒你，别人越界了，你的地盘可能被别人占领了。

当然，你仅仅是接纳这个孩子是不够的，你还要告诉他你收到了这份礼物。然后，你要问自己：“关于这件事情，我真正想要的是什么呢？”

当你接纳了愤怒这个孩子，他就不会再兴风作浪了。更重要的是，此时的你会发现他不过是你大脑中的一个孩子而已，你仍是自己的主人。

同理，对别的情绪孩子也是如此。

我们要学会接纳每一个情绪小孩，同时要学会精准地识别每个情绪小孩发出的信号。

爱自己是这样一种体验

爱自己是一种什么样的体验?

有一次，我去参加一个培训活动。

其间，导师要求学员分小组分享，6个人一个小组。由于人数限制，我只得要求加入旁边一个小组。

然而，这个小组有一个人一直不同意我加入。我没有时间选择别的小组了，坚持要留在这个组里。

其实，这个组只有这个人拒绝我。最后，我还是留了下来。

请思考一下，你遇到这样的情况，会怎么做?

小组活动结束后，我心里觉得很不舒服，我头脑里有一大堆评判，比如这个人怎么这样啊，参加这个课程很多次了，就这素质吗……我开始在大脑里编各种故事、放各种电影。

还好，我没让大脑里的“电影”一直播放下去。

我开始觉察我大脑里各种喋喋不休的声音。我对自己说：“哇！好快啊！这么快就有这么多评判。”

然后，我继续感受自己的情绪，比如愤怒、委屈等。这些情绪集中在我的胃部。

我深深地吸气、呼气，想把这些情绪排解出去。

我觉察到我正处在一股逆流里。这里所谓的逆流，就是我们和自己的情绪对抗的能量洪流。

当我们在这种逆流中的时候，我们就是活在过去，而不是活在当下，不是活在此时此刻。当我觉察到我如此在意别人的评价，我意识到因为别人的评价就让自己身处情绪逆流里，让平和远离自己，多么不值！

于是，我先花了几分钟去感受那种不舒服的情绪，然后试着去释放它。

做完这些，我又回到了平和中，我又可以全身心去享受课堂，活在当下。

课程结束后，我再次觉察自己的这个模式——太在意别人的看法——的背后是什么。我意识到我这个模式的背后是我不爱自己。

当我们在内在不爱自己的时候，我们就会向外抓取。

这个时候，外界发生的事情就特别容易影响我们的情绪，引爆我们的情绪炸弹。因为我们不爱自己的时候，我们的内在是没有力量的。我们的内在没有力量，就只能向外看。于是，我们需要别人的认可，特别在意别人的评价。

然而，如果我们是懂得觉察的，当我们能觉察到自己正在从外抓取的时候，我们就要暂停，让自己回到当下，回到内在。

一旦能停下来回到内在，我们就能给自己力量。

经常做这样的觉察，我们的内在力量就会慢慢地越来越强大。我们的内在力量强大了，我们就不会那么在意别人的评价了。

当然，除了要经常觉察自己的思维和情绪之外，我们还可以试试以下几个可以让我们更好地爱自己的小建议：

1. 让自己选择安静下来。幸福是一种决定，安静也是。关掉外界的噪声，我们会好很多。

2. 拥抱当下。平时，我们花很多时间和现实抗争。大多苦难都源于我们想要的太多。很多时候，事情一旦发生，就会成为一个事实。我们想改变，就是想否定当下。我们不需要接纳所有，但这并不影响我们与其和睦相处。

3. 若有时间，就去大自然里活动，去欣赏美景，去增强我们的情绪能量。

4. 多与人沟通，学着做一个倾听者。你若能这样做，你会发现你多了好多朋友。每个人都需要一个听众。

5. 每天都冥想，每晚睡觉前自省，思考自己当天又有哪些进步。

爱自己，就是要告诉自己："我是值得的，我是值得的。外界的评价对我们来讲并不重要。"

爱自己，不能只说说而已，而要有内在的觉醒。

爱自己是人生长跑中不可缺失的意念。

爱自己，是我们能送给自己的最好的礼物。

多爱自己，而不是指责别人

很多朋友问我："我老公每天只顾玩手机，你说我该怎么办？"

说实话，相当长一段时间内，我也被这个问题所困扰。为此，我用过很多方法。最后，我发现最有效的方法是下面这个超级简单的方法。

这个方法，简单得让人不敢相信。这个方法就是：转身，去爱自己。

有一次，我在一个课堂上参与讨论"你想要什么"的话题。有学员疑惑道："我有时候就是不知道自己想要什么啊？我怎么才能知道自己想要什么啊？"

我的答案是，我们开心、喜悦时，问自己："我想要什么？"答案自然就会出现。

还有一次，一个妈妈问我："我知道对孩子发脾气不好，可是我控制不住自己啊！"其实我也经常有这样的困惑。

有一次，我一个特别要好的单身闺密超惊讶地问我："爱芬啊！你怎么那么爱和你家娃发脾气啊？"

我本来想说："你有了娃，你就知道了！"

不过，我想了想还是把这句话咽下去了。没有娃的人是无法体会带娃的辛酸的。

这个问题的答案应该是这样的：亲爱的妈妈们，咱们要学会爱自己、让自己开心，这样我们就不会揪着孩子不放了。

我公公退休后就来帮我们接送孩子上下学，白天空闲时就和小区的老头以及老太太们逛公园、打牌，又逍遥又快乐！

有一天，邻居孩子的姥姥和我讲："有一个老太太经常坐在小区里的健身器材那。她养了一条恶狗，那条狗见人就咬。那个老太太一坐在那里就对着别人指指点点。对于天天去公园玩的老人，她很是看不惯，经常逢人就说：'你看这些人，这么大年纪了，男男女女每天一起去公园玩，也不害臊！’”

哪一个活得开心、喜悦的老人会说这样的话？开心的老人每天忙着锻炼身体，忙着唱歌，忙着开心，根本没有时间说三道四。

所以，很多时候，我们能做的唯有爱自己，让自己开心、喜悦。

你一看到你老公玩手机就不开心。如果你去控制、指责他或者选择冷战，也许你老公能放下手机。但他很可能同时拿起了平板电脑，或者压根儿就不理你。你岂不是更加气急败坏？

倒不如不和他较真！你可以把注意力从控制他的意念上抽回来，放在自己身上，问问自己："此刻，我做点什么能让自己开心、喜悦呢？"

你可以出去逛街，去练瑜伽，找闺密聊天，去喝杯咖啡，看一本书……当你开心、喜悦了，你回头再看老公看手机这件事，你就放下了，so easy!

你也许会觉得那就是他当下认为能让他开心的事情，那就让他看吧！放下就这么轻而易举地发生了。

你喜悦了，你开心了，你看事情的角度就不一样了。

也许，你老公看你每天这么开心、喜悦，你们的夫妻关系也更加和谐了呢！

其实，这些貌似简单的方法背后都是有逻辑的。

首先，离开当前的位置，比如，让你不开心的老公。实际上，每个人的情绪都是自己选择的结果。

其次，找到能让自己开心、喜悦的事情。当下，做什么能让自己开心、喜悦，就放手去做。

最后，问问自己真正想要的是什么。

这些步骤的顺序很关键。

当你处于愤怒或抓狂之中的时候，确实无法搞清楚自己真的想要什么。也许，那一刻你就是想揪住一个人，发泄你的愤怒。而这个人通常是你亲近的人——你的爱人或你的孩子。

当你能让自己转身去做一件让自己开心的事情的时候，你就能让自己从“不想要什么”去到“我想要什么”。

所以，朋友，咱们真的难以改变别人，唯一能做的就是让自己开心、喜悦起来。

当我们的能量得到提升之后，再回头看本文开始提到的问题，我们也许就会发现脑海里正飘来五个字：“那都不是事！”

Part5
活在当下
——唯有“此刻”不容辜负

修炼“活在当下”的能力

当代最伟大的心灵导师埃克哈特·托利在《修炼当下的力量》这本书中非常详细地介绍了“活在当下”这个概念。

其中，有一些概念值得我们深思。它们分别是当下、觉察、恐惧的源头、瓦解无意识、对痛苦的上瘾以及接纳和允许的力量。

什么是当下？当下就是此时此刻。当下就是我们在能量顺流中。当下就是没有任何批判、没有抗拒、没有负面情绪。

我们接受了当下这一刻的“如是”，我们便活在了当下。如果我们能意识到自己已经活在当下，我们就会意识到当下的自己是喜悦的、富足的、没有任何问题的。

活在当下，你将拥有巨大的力量。

什么是觉察？当我们不开心，当我们不快乐，当我们对自己有了批判的时候，我们一定不在“当下”。

如果此刻我们能有一个觉察，能觉察到自己不在“当下”，或者能抽离出来去观察我们的批判，能观察我们的思想、评价，这就意味着我们开始认同，开始放下。

觉察就是在我们自身和我们头脑中的思想之间打开一个缝隙，开辟一个空间。

关于这一点，《西藏生死书》这本书讲得更加详细：

最好的方式，就是仔细观察一个喜悦或愤怒的动作。检视那个动作之后，你将发现在任何情绪生起之前，总是有一个空间或缺口。在情绪的能量有机会生起之前的孕育时刻，是一个清净本初觉醒的时刻，如果我们能够的话，就可以在此刻瞥见真正的心性。若能如此，在一瞬间，无明的符咒就会被破解，我们完全解脱了执着的任何需要或可能，甚至连“执着”的观念都变成是荒谬多余的。在那个缺口的“空白”中，可以发现卸下任何观念、架构或概念后的喜悦。

恐惧的源头就是我们在过去或未来，而不在当下。

回到当下，回到此时此刻，我们才能拿回我们全部的力量。

瓦解无意识，就是在内在建立高频次的能量场，将更多意识导入生活，带入当下。

当我们无意识时，我们就会批判、不满、抗拒，在情绪层面就是不安、焦虑、紧张。

在无意识状态中，我们的内在不管遇到什么事都会选择抗拒，会抗拒一切。

瓦解无意识，也就是说我们可以通过问自己几个问题来获得开释。比如，“此刻我是否开心、喜悦？”“此刻，我的内在发生了什么？”等等。

通过这样的问题，我们可以增强自己的意识，学会觉察，从而回到当下。

关于对痛苦的上瘾，我这里正好有一个例子。

有一次，一个女性朋友对我说，她有一个朋友每天向她诉苦，她怎么劝对方都无用。她问我怎样开导她的朋友才有效。

其实，这是一个典型的对痛苦上瘾的案例。再比如，有些抑郁症病人做自我介绍时，会第一时间告诉别人他有抑郁症。

对这样的人来讲，似乎不戴着抑郁症这个面具就无法出门。抑郁症俨然变成了他们的身份特征。

所谓对痛苦上瘾，就是人在无意识中害怕失去自己的身份认同，于是会创造出更多的抗拒。

也就是说，这样的人宁愿待在痛苦里，成为痛苦之身，也不愿意冒离开痛苦的危险。

接纳不等于行动。接纳是内在的臣服。

接纳可以让我们在当下这个时刻保持平和。关于这一点，《修炼当下的力量》这本书讲了一个生动形象的例子。如果你深陷泥沼之中，你不会说："好吧，我认命，就这样困在泥沼中。"

这是放弃，不是接纳。

接纳是这样的：你承认自己此刻就在泥沼里，同时承认自己此刻想离开这个泥沼，然后把注意力集中在当下这个时刻，并会努力从泥沼里走出来。

接纳意味着我们对当下没有任何批判，没有抗拒，没有负面情绪。我们仅仅是接纳和允许这一刻的“如是”。

任何时刻，如果愿意选择有意识的觉察，我们终会发现自己是有选择的。痛苦或者喜乐取决于我们的选择。生活本身没有好坏，一切取决于我们的选择。

唯有“不负当下”是最大的人生智慧

我的同学小丽，有一次找我聊天。我们聊到婆媳关系时，她的声音突然提高了很多。瞬间，我有种错觉，当下和我说话的人不是小丽，而是另一个人。

小丽和老公在大城市上班，她公公和婆婆生活在农村。

刚生完孩子时，小丽希望婆婆能过来帮她带孩子。

婆婆来了之后，不会用煤气，不会买菜。小丽用了很长时间才教会婆婆这些。但没过多久，婆婆告诉小丽，她不习惯大城市的生活，要回农村去。

小丽苦口婆心地劝婆婆再帮帮自己。婆婆勉为其难地留下了，结果天天在小区里捡废品。很快，小丽家里堆满了婆婆捡回来的各种瓶瓶罐罐。

爱干净的小丽彻底崩溃了，和婆婆大吵一架。

婆婆一气之下回了老家。

小丽和婆婆自此有了隔阂。小丽对婆婆充满了愤怒。

尽管现在小丽的孩子已经上小学二年级了，但她对婆婆的怨恨并没有随着孩子的成长而消减，反而愈加严重。

最近，小丽单位组织体检，小丽被查出有乳腺增生。

研究显示，强烈的情绪会导致身体发生生理变化。小丽就是这方面的典型例子。虽然现在她和婆婆没有生活在一起，她现在也不需要婆婆帮忙带孩子，但之前的事情带给她的负面情绪却卡在了她的身体里。

积累起来的负面情绪相当于一个消极的能量场，盘踞在我们的大脑和身体里。这个消极的能量场需要有东西来“喂养”。

你越无意识，这个消极的能量场就越容易控制你。它会不停地消耗你身体里的能量，为你创造更多的痛苦。

如此恶性循环无休无止，直到我们的身体生病。

如何解决呢?

第一步：接受情绪的存在，和身体做连接

将注意力集中在我们内心和身体的感受上，觉察我们的身体发生了什么样的变化。

如果愿意去感受的话，你一定会感受到，当你愤怒的时候，你的身体在发生变化：嗓子特别堵，心口像有一块大石头压着，胃里也在翻腾着。

小丽如果在最初的时候能够带着觉察去感知自己的身体，觉察自己的情绪，她就有机会走进自己的内心，接纳自己的情绪。

第二步：带着觉察观察自己的思维模式

感知自己的痛苦情绪的同时，我们可以问自己一个问题：“觉察到痛苦的那个人又是谁呢？”

小丽和我聊到她婆婆的时候，她的声音提高了很多。

我有种错觉，我感觉当时和我说话的人不再是小丽了。

其实，那一刻的小丽确实变成了痛苦的化身。也就是在那一刻，小丽不再是小丽，小丽变成了自己的负面情绪。

如果小丽懂得觉察的话，就可以重新做回自己，而不是被痛苦取而代之。

最好的做自己的方式就是觉察痛苦以及正在观察痛苦的那个观察者。而这就是当下的力量。

第三步：回到当下

当我们活在我们自己编造的故事里，活在过去的情绪情景中的时候，我们就把自己困在了过去。婆婆不给小丽带孩子的事情已经过去好多年了，但小丽还是耿耿于怀。

当她深陷这种痛苦之中时，这件事情带给她的负面情绪会一次又一次地重复出现，而负面情绪带来的负面反应在她身体里也会一次又一次被夯实。

最终，受害的人还是小丽自己。

小丽如果能意识到这些，能意识到这些过去的事情会给自己带来负面的反应，她也许就不会介怀了。

过去、未来都重要，但我们只能活在当下

有一次，我在一个读书会上分享《当下的力量》这本书。

一个读者问了我一个问题："书中总在强调'活在当下'，难道过去和未来不重要吗？我就喜欢回忆过去。过去有很多美好的事情。我也喜欢畅想未来，畅想未来要实现什么样的梦想。"

是的，过去很重要。

有一种过去，是伤痛的过去，比如，祥林嫂的过去。祥林嫂一直活在自己为自己所营造的世界里，活在过去的故事中，逢人就说："我真傻，真的……"结果，人人都对她避之唯恐不及。

还有一种过去，是美好的过去。不管是谁，过去总有一些美好的体验。比如，在一次沙龙上，老师让大家分享过去做过的最有意义的一件事情，有人分享了自己帮助别人的经历；有人分享了自己如何在失败中突破自我，从此这件事一直激励着他前行；等等。

还有一种过去，是不开心的过去。但有的人能因此反省："这件事情已然发生，我从中学会了什么？"

当然，未来，也很重要。比如，王健林说："想做世界最大，想做世界首富，这是对的奋斗的方向。但是呢，最好先定一个能达到的小目标。比方说，我先挣它1个亿。"这句话在网上广为流传。

学生时代，我经常做的一件事情就是在开学的时候给自己定一个小目标。

然而，经常发生的情况是这样的：头几天我保持得很好，过几天就有所懈怠，慢慢地会彻底忘记自己的小目标。我记得，那时我常因此觉得自己不是一个好学生。

还好，长大后通过学习和成长，我及时修正了自己这个缺点，开始学会给自己制订恰当的目标，比如已经连续三年为自己制订年度、季度和月度目标，而且连续三年全部兑现。

活在当下，就意味着过去和未来不重要吗？当然不是！关键是我们用什么样的状态来看待过去和未来。

在《当下的力量》这本书中，作者介绍了两个非常有意思的概念：心理时间和钟表时间。

所谓“心理时间”，就是指个体主观感知的时间。人总是习惯性地活在过去，认同过去，并且持续地、强迫性地将过去投射到未来。

“钟表时间”其实指的就是当下，此时实际可利用的时间。**而真正的活在当下，是从过去的经验中学习，吃一堑长一智，为自己制定目标，以在未来成为更好的自己。**

那么，如何活在当下呢？

第一步，我们可以时常问自己这样一个问题：“我想要的是什么？这是我想要的吗？我想成为什么样的人呢？”（未来）

这实际上是在描绘愿景。愿景通常是一个画面。这个画面越动人越能激发我们的内在动力。比如，当我们成功以后，我们看到了什么？听到了什么？感觉到了什么？甚至我们闻到了什么？那个时候谁和我们在一起？……

我们把这个美丽的愿景描绘出来以后，不妨把它放在心底的最深处。

第二步，在遇到困难的时候、被负面情绪卡住的时候，我们不妨问自己：“是什么样的思维限制了我的发展呢？是什么样的情绪模式让我拥有这种负面情绪的呢？”（过去）

我有一个女性朋友，40多岁仍没有结婚，但她又很想走进婚姻的殿堂。

当她讲述她过去交往过的男朋友的时候，她说得最多的一句话就是“男人没有一个好东西”。而这句话她又是从哪里得来的呢？

她说是从母亲那里得来的。她的父母离婚后，母亲对她说得最多的话就是：“男人没有一个好东西，你看你爸爸，你就知道……”

所以，当男朋友约会时经常迟到、情人节没收到男朋友的礼物、男朋友和闺密聊得火热时，她都会立刻强烈地连接到她的信念——“妈妈说得对，男人没有一个好东西”。

于是，现实就越来越朝着她思考的方向发展。

第三步，感受活在当下的感受。（当下）

在日常生活中，我们随时都可以练习活在当下。比如，每次上下楼梯时，每一步，甚至每一次呼吸都全神贯注，完全集中注意力；或者洗碗时，关注和洗碗有关的所有感觉，听水流的声音，感受水流过手的感觉，闻洗涤灵的味道，将干净的碗整齐地排列起来。

更具体地来讲，如何感受当下？如何感受活在当下的感觉？下面，我再分享一个案例。这个案例来自一行禅师的《正念的奇迹》这本书。

我记得数年前，吉姆和我第一次一起在美国旅行，我们坐在一棵树下，分吃一个橘子。他开始谈论我们将来要做些什么。无论何时，只要我们构想一个吸引人或是令人振奋的计划，吉姆就会深深地陷入其中，以致全然忘了他当下正在做的事。他掰了一瓣橘子放进嘴里，在还没开始吃之前，又掰好另一瓣准备送入口中。他几乎意识不到自己正在吃橘子。我只好对他说：“你应该把含在嘴里的那瓣橘子吃了。”吉姆这才惊觉自己正在做什么。

当时的情景就好像他根本不是在吃橘子，如果说他吃下了什么，那是在“吃”他未来的计划。

一个橘子有很多瓣。如果你懂得好好吃哪怕是一瓣，你大概会懂得好好地吃整个橘子。但是，如果你连其中的一瓣都不会吃，那么你是不懂得吃橘子的。吉姆明白这个道理，他慢慢把手松下来，专注地吃那一瓣已经含在嘴里的橘子。他仔细地咀嚼，然后吞下去，接着才再掰一瓣。

后来，吉姆因为反战运动入狱，我很担心他能否忍受监狱的四面高墙，于是写了一封简短的信给他．“还记得我们一起分享的那个橘子吗？你在那里的生活就像那个橘子。吃了它，与它合为一体。明天，一切都会过去。”

活在当下是一种艺术。

那么，如何知道自己是否正处在当下呢？

实际上，这里的当下指的是我们摆脱情绪困扰的时候。情绪是我们与过去连接的产物，源于曾经的痛苦记忆。活在当下，就是找到自己。

在当下，时间是静止的，我们身体里的能量是流动的。我们身体里的能量流动起来了，我们能与自己的创意连接，并能让所有事物都以流畅、自然的状态流动，我们就处在当下了。

过去所经历过的美好的事情，将给予我们积极的肯定和支持；而过去的失败的经历，能让我们停下匆忙的脚步，学会喘息与思考。这都是财富。

因为这些，我们更容易为自己描绘一个美好的未来，制订一个切实可行的目标，然后更好地回到当下，从当下、此刻开始我们的行动。

别把不喜欢的自己投射到别人身上

小艾是个特别在意别人的人，尤其在意别人的情绪，但这种过度在意并没有给小艾带来快乐，反倒让她频生烦恼。

有一次，小艾和老公开车外出游玩，路上先是堵了一小时，后来又走错路，她很快发现老公表现出明显的不耐烦。

于是，小艾试图安慰老公：“咱是出来玩的，不要不开心哦！”但在那样的情况下，她的安慰基本没有任何作用，反而让老公更加生气。

小艾发现安慰没有用之后，表现得比老公更加生气。

于是，他们俩彼此的不愉快互相搅在一起，气鼓鼓地玩了一天。

那一天，他们发现做什么都不开心，他们觉得所有的人与事都在和他们较劲。

还有一次，小艾和老公去杭州旅游，在某个景点等了好久都打不到出租车，好不容易才拦住一辆出租车。对方一听说要回市区，立刻就说要收车了。

小艾老公当然不满意对方的回答，而且明明知道对方是骗人的，就和对方争论起来。小艾只得在旁边劝架。正在气头上的老公当然油盐不进。

最后，司机自觉理亏，只得同意载他们回市区。

经历过几次这样的情形，小艾开始觉察："我不允许老公不开心，我总是希望他保持开心，这是我自己的需求还是老公的需求呢？"

这样强有力的自我提问，让小艾意识到这是自己的需要，不是老公的需要。

小艾自己害怕争吵，所以她总是会刻意避免一切容易引发争吵的可能事件，但结果却是她越害怕争吵，她老公越容易处在生气的状态。因为她老公意识到小艾想控制他的情绪，于是会无意识地摆脱她的控制：“你想让我不生气，我偏要生气。”

“我为什么这么在意别人的不开心呢？”

一旦开始觉察，小艾意识到这一切都是她自己的投射。小艾是个情绪化的人，但小艾不能接受自己的情绪化，不喜欢自己的情绪化。

于是，她把它投射到老公身上。唯有在别人身上看到这些，她才有机会疗愈自己。

觉察到自己常有这样的投射之后，小艾开始慢慢学会允许和接受老公的情绪。

再发现对方不开心的时候，小艾会先做深呼吸，让自己的注意力回到自己身上，不制止，也不过度同理对方，只是允许和接受对方的不开心。

结果，对方很快就会从不开心中走出来。于是，他们很快就把这件小事忘掉了。

当小艾明白了这些，小艾和老公之间的关系更和谐了。而且，小艾自己情绪化的情况也越来越少了。

在亲密关系中，我们很容易把我们不喜欢或特别在意的自己的一部分投射到对方身上。

如果能觉察到自己的投射，愿意让自己的注意力从外在转向内在，我们就有机会让自己成长。当投射越来越少，我们就会变得越来越容易宽恕别人以及自己。

多“看见”自己当下拥有的

人生最大的不幸就是不知道自己是幸福的。

有一个富翁，非常富有。凡是可以用钱买到的东西，他都会买来享用。然而，他觉得自己一点儿也不快乐，一点儿也不幸福。他对此感到很困惑。

一天，他突发奇想将家中所有贵重的物品（如首饰、黄金、珠宝等）通通装入一个大袋子中，然后带着这个袋子外出旅行。

同时，他做了这样一个决定：谁能告诉他获得幸福的方法，他就把这个袋子里的东西都送给他。

他走了好久，找了又找。

这天，在一个小村庄，有位村民告诉他："我给你推荐一位大师。如果他都没有办法，恐怕没有人可以帮得了你！"

历经一番艰辛，富翁终于见到了村民推荐的正在打坐的大师。

他非常激动地说："我只有一个请求，请你告诉我获得幸福的方法。如果你能帮到我，我就将这个装有我一生积累下来的所有财富的袋子送给你。"

富翁话音刚落，大师抢过富翁手上的袋子，起身就跑。

富翁又哭又叫地追着大师跑。

不一会儿，富翁就跟丢了："我被骗了……呜……我一生的心血都没了。"

然而，大师这时却跑了回来，并将袋子还给了富翁。

富翁见到失而复得的袋子，立刻将其抱在怀里，直说："太好了，太好了。"

大师问道："你现在觉得如何？幸福吗？"

"幸福，我觉得自己真的太幸福了！"

大师笑着说：“这并不是什么特别的方法。对于自己所拥有的一切，人总以为理所当然，所以常常不觉得幸福。你欠缺的是一个失去的机会。唯有失去能让你知道，你所拥有的有多重要。你现在怀里所抱的袋子与之前的那个袋子是同一个。现在，你还愿意把它送给我吗？”

富翁哑然失笑。

最近，我每天都在网络空间里分享自己的幸福生活。

有一次，在分享之后，我突然有一种“我不配”的情绪。我没有给它兴风作浪的机会。我把这个“我不配”的情绪揪出来，直视它，观察它。

我发现它还是源于我的过去——我过去的信念、我过去的模式。

于是，我感谢它，并让它走开，然后我就释然啦！

除此之外，我收获了一个感悟，美好其实就在我们身边，就在我们每一天的生命中。可惜的是，很多人选择不去看见自己的幸福，而是无限放大自己的不幸。

于是，幸福的人越来越幸福，不幸福的人也越来越不幸。

很庆幸，我选择看见，看见美好，当然也正视并释放了那些负面的情绪，如上面的“我不配”。

和父母在一起的时候，我们可能会听见母亲的唠叨，可能会听到父母的争吵，但这一切的背后也许藏着一份幸福，藏着一份满满的爱。

我们要学会揭开生活的面纱，去看见它下面藏着的爱与幸福。

当我们失去或缺乏某些东西时，我们会念念不忘，然而一旦拥有了，却又容易忽视它，甚至视而不见。这才是最大的不幸。

幸与不幸都是福。

人最大的不幸，就是不知道自己是幸福的。我们很少意识到自己拥有什么，对于失去的、欠缺的却一直念念不忘。

正因如此，上天为了让我们看见，为我们安排了许多失去的课程，借由失去，让我们学习“看见”的能力，让我们看见自己拥有的幸福。

感谢生命中发生的一切！

放下“受害者心态”，做最好的自己

好友小丽每天像怨妇般在微信朋友圈抱怨老公的不理解、不关心，比如过生日没有收到礼物、老公又没来接她下班、老公周末没带她看电影等。

我特别能理解这样的“小女孩心态”。

女人在20多岁的时候有这样的心态是很正常的，比如撒娇、耍赖、要对方无条件地爱自己等。但一个女人如果过了30岁依然这样，我想没有一个男人能受得了。

偶尔如此，那是在调节生活。

若天天如此，结果可想而知。

比如，对方不再如从前般对你百般殷勤，你就抱怨对方

“你已经不爱我了”，这是不是有点莫名其妙？也许心情好的时候，他还可以对你百依百顺，像父亲般宠着你。但如果有一天在单位受了委屈，一肚子抱怨，十分希望有个人能安抚一下自己，回家后却要面对一个无理取闹的“小女生”，他还能对你百依百顺吗？

拥有受害者心态的人，没有力量承担任何事情，总认为所有的错都是别人的错，整天抱怨、自怨自艾，甚至因此愤世嫉俗、自暴自弃。

如何放下自我虐待式的受害者心态呢？

第一，要解决问题，必须先从问题中跳出来

要想放下受害者心态，必须先从受害者心态中抽离出来。

小丽在自己的亲密关系中就有典型的受害者心态，总觉得自己被很多问题压得喘不过气来，整日里顾影自怜。

这样的人只知道从外部找原因，不管遇到什么事，都觉得是别人的错。

受害者心态会让我们把家庭变成牢笼，而这个牢笼正是亲密关系正常发展的障碍。

每一段关系的存在，其实都是我们实现自我成长的机会。

第二，我们要意识到，很多时候，我们所看到的每件事情其实都是我们内心世界的投射

比如，有人会把亲密关系中的另一半投射为自己的父母，期待他们能像父母对待孩子一样，无条件地爱与给予。

事实是，夫妻关系不是亲子关系。每个人都有很多缺点。亲密关系中的两个人在一起需要共同成长。

若能意识到这一点，我们就可以让自己从被情绪绑架的状态中抽离出来，重新回到理性的状态。

第三，放下托付心理

“托付心理”是指人们习惯性地把自己生活中的幸福和快乐的控制权托付给别人的心理。比如，恋爱的时候，对方对你说“我会给你快乐”或者“我要为你的快乐负责”。

对方说的也许确实是真心话。但在婚姻里，很多人无法绝对做到这一点。然而，如果你信了，就等于把自己人生幸福快乐的掌控权托付给了对方。

一旦对方做不到，你就会抱怨。你越抱怨，对方就越自责、内疚，甚至会选择逃避。

每个人都应为自己的人生负责，都应放下托付心理。我们幸福和快乐的控制权应该掌控在我们自己手中。

没有人能比我们自己对自己更好。没有人会比我们自己更持久地全心全意为我们自己努力。

第四，我们要多思考，什么是我真正想要的

如果我们愿意向内看，真正关注自己想要什么，并为此去做一些努力，我们就可以把自己照顾得很好。比如，有时候你需要倾诉，你可以找你的闺密。

你心情不好了，如果条件允许，可以去旅游，也可以去读书、去运动。当你自己能主动去做一些事情，你就会活得很充实。

你的另一半也可能为此好奇："这人最近怎么了？"也许对方因此会主动追着你聊天，找你倾诉呢！

女性比男性更敏感，所以有更多的情感需求。对方的所作所为若无法和你的需求一一对应上，你就需要自己努力了。

你的努力不是为了别人，而是为了让自己更快乐、更开心。

所以，请放下受害者心态，放弃这种自虐式的心态，去爱自己。不和自己作战，我们就能幸福。

我们若认为只有别人能满足我们的期待，我们就永远无法成熟。当我们能够平和对待被剥夺、被遗弃的感觉时，我们就有机会开启内在的平静。

我们之所以会在生命中不断地与自己抗争，是因为我们还不愿意去感受自己的无助与孤单。还是那句话，向内看，去接纳自己。

也许我们并不完美，但我们可以接纳自己的不完美。

当你改变看待世界的方式，你看到的世界也许就不一样了。

Part6
自我唤醒
——与负面情绪握手言和

与
负面情绪
握手言和

任何时候，都不要带着情绪行事

我们先看一个小故事。

一个父亲在公司挨了老板的批评，回到家后把正在沙发上跳来跳去的孩子臭骂了一顿。

孩子心里很生气，狠狠地踹了正在身边打滚儿的猫一脚。

猫逃到街上时，有一辆卡车正好开过来。司机赶紧避让，却把正从路边经过的老板撞伤了。

这个小故事讲的就是心理学上著名的“踢猫效应”。

情绪是会传染的。当你带着负面情绪和别人交流，哪怕你说着全世界最动听的语言，但对方首先感受到的仍旧是你的负面情绪，而非你美妙动听的语言。

那么，当我们已经有了负面情绪，我们该如何去做呢？

我们再看一则故事。

一天，林肯正在办公室整理文件。陆军部长斯坦顿气呼呼地走了进来，一屁股坐到椅子上，一句话也不说。

从以往的经验来看，林肯知道他肯定又被人指责了。

“怎么了？发生了什么事？给我说说。说不定我能给你出出主意。”林肯笑着对斯坦顿说。

斯坦顿像是找到了发泄的对象，对林肯一阵咆哮：“你知道吗？今天有位少将竟然用那种口气和我说话。那简直是侮辱。他所说的事根本就不存在啊！”

斯坦顿满以为林肯会安慰自己几句，痛骂那名少将几句，但林肯并没有这样做，而是建议他写一封信，回击那位少将的无礼。

“你可以在信中狠狠地骂他一顿，让他也尝尝被指责的滋味。”

“还是你想得周到。我非得大骂他一顿不可。他有什么权利指责我呢？”斯坦顿立刻写了一封措辞激烈的信，然后拿给林肯看。

林肯看完以后，对斯坦顿说：“你写得太好了！要的就是这种效果，好好教训他一顿。”林肯把看完的信顺手丢进了火炉里。

斯坦顿看到自己写的信被丢进了火炉里，忙责问林肯：“是你让我写这封信的。你为什么把它扔进炉子里了呢？”

林肯回答说：“难道你不觉得写完这封信时你已经消气了吗？如果你还没有完全消气，就接着写第二封吧。”

针对斯坦顿的负面情绪，林肯没有去安慰他，也没有让他真的去报复那位少将，而是先接纳他的负面情绪，然后帮助他以合理的方式宣泄他的负面情绪。

负面情绪终究会来。它若来了，就接受它，让它流经我们的身体，然后放它走。

推荐一个可以“放走”你的负面情绪的方法——“火烧羊皮卷”。

想象你有一本羊皮卷做成的书。

你可以把自己的愤怒、委屈都写在上面。

你能想到的所有负面情绪，都可以写在这个羊皮卷上。

然后，你可以想象着把这个写满字的羊皮卷卷起来，用绳子扎好，系上死扣。

最后，你想象自己正站在一座山上，而山下都是火堆。你可以把它扔到火堆里面，烧掉它。

当然，你可以采用任何合理的方式，让你的情绪恢复其流动性，让情绪中的能量和信息从一个地方转移到另一个地方。

通过这些，你将从负面的态度和行为中真正脱身，真正地理解真实的自我。

不要拿“内疚”去惹是生非

我们先看一个小案例。

小云周六要外出讲课，这样一来就没法送孩子去兴趣班了。由于工作的原因，类似的情况时有发生。照例小云要提前告诉老公。

周五晚上，小云正和老公愉快地聊着天，老公突然说：“明天我有一个聚会，你带孩子啊！”

小云立刻跳了起来：“我不是和你说了我周六要出去讲课吗？你怎么还安排聚会了呢……”

老公听了小云一通噼里啪啦的数落，都有点蒙了，转身去了卧室。

小云这才觉察到了自己的情绪。

于是，小云跑到老公身边说："刚才我太冲动了。"

老公说："我确实忘了你周六要去讲课的事情。不过，既然你周六有课，我不参加聚会就得了。你完全没必要发那么大火啊！"

情绪若疏通了，问题也就有可能解决了。于是，两人和好如初。

话说，小云已经有好多次因为类似的事情火冒三丈了。到底是为什么呢？小云陷入了沉思……

有一次，我去参加一个周末聚会，整整一天和闺密在一起。我们吃饭，聊天，逛街，玩得很是开心！

回家以后，我发现老公正在辅导孩子写作业。

其间，他有几次和孩子说话的声音有点儿大。因此，我以为他有些不高兴。

后来，他和我说话时，我就有些阴阳怪气地回答。

老公莫名其妙地说："你吃枪药了？"

我也感觉自己有些莫名其妙，本来出去玩了一天挺开心的，为什么回家后就变成这样了呢？我也陷入了沉思……

我和小云都是职业女性。

在上面的情境中，我们的愤怒背后也许隐藏着一种情绪。这种情绪也许是内疚。

职业女性常常会被自己的内疚所控制。这种内疚有时候是我们自己的，有时候是外在给我们的。

当男人有应酬的时候，我们会支持他们。但当我们自己出去应酬的时候，即使爱人不说什么，我们内心也会对自己有所批判。这份看不见的批判和内疚最后其实都会转移到家人身上。比如，你某天出去玩了一天。你回家以后，爱人并没有说什么，但你自己内心会有评判和纠结，于是你决定先发制人，给对方脸色看。

我们误认为，这样对方也就不会说什么了。殊不知，这会让大家都不开心。

那么，这种内疚该如何解决呢？

首先，有意识地觉察自己的内疚模式

通过觉察，觉察到自己的内疚模式，意识到自己的情绪从哪里来，有助于内疚的情绪向好的方向转化。

内心充满内疚的人，其实是拒绝诚实地看待自己的。他们把自己设定成坏人，用内疚惩罚自己，而自身并没有觉察到。

内疚的人常常试图以内疚控制别人，对方怎能对一个如此内疚的人生气呢？

其次，分享我们的感受

比如，某天你外出玩了一天，觉得很不安，所以感觉内疚，然后又对家人发了脾气。然而，当你能分享自己的感受时，你就有了与自己及家人和解的机会。

我们的感受就像我们内在的“天气”，会有起伏、流动和变化。感受是每个人内心世界的一部分，也是每个人最正常的一部分。

感受需要表达出来，而很多人羞于说出自己的感受。

在一个家庭中，若每个人都愿意分享自己的感受时，每个家人都会从中受益。否则，我们就会在无意识中用感受去控制对方，感受也就变成了我们控制家人的工具。

学会真诚地表达自己的感受，而不是责备或操纵别人，这将会滋养家庭中的每个人。

最后，定时清理亲密关系中的各种障碍

比如，小云的做法就很好，意识到问题之后，主动找到老公一起解决问题。

这样就不会让未处理的负面情绪和各种信息积累下来。这就像鸟每天要清理自己的巢，以保持干净的生活环境。

亲密关系的维持也需要经常清理情绪垃圾。这样，亲密关系才不会被坏情绪所累。

认识愤怒，学会与愤怒和平相处

我有一次去参加了一个主题为“自体分析”的课程。

在一个同学做分享时，我一直处于一种担心的状态。

做分享的女孩是一个正在实习的心理医生。在女孩做分享的过程中，大家的注意力都放在她身上。

大家好像正在看一个易碎的花瓶，而我担心的是这个“易碎的花瓶”会一不小心掉在地上。

当天晚上，我做了一个梦。

在梦中，我回到了老家的院子，和一个朋友一起玩。然后，我看到一头狮子在院子里溜达。它没看到我。我看到它之后，很害怕，赶紧拉着朋友进了屋子，并把门锁上。就在这时，我看到我的孩子在院子里向我跑过来，就赶紧把门打开准备让孩子进来。与此同时，狮子看到了我们，并快速地跑了过来。我拉孩子进来后，赶紧把门锁上。狮子在外面使劲地撞门。

第二天，我把我的梦讲给老师听。

老师说了一句话：“也许，那头狮子只是想进屋里去，并不是想要伤害你。狮子会不会就是你，一个你一直拒绝的自己？”

我陷入沉思，我一直拒绝的那个自己，是什么样的?

我突然想起自己童年的经历。我是家中的老小，我上面有两个哥哥。父母都很宠爱我。父亲喜欢喝酒，醉酒之后会很大声地指责家人。

幼小的我其实很害怕醉酒的父亲，害怕他的愤怒。但每每这时，父亲只听我的话。妈妈也不敢靠近他。于是，照顾父亲的任务就交给了我。我不让父亲说话，父亲就不会说话。虽然父亲很听我的话，但自始至终，我的内心是害怕的。

那种害怕也许原本是妈妈的，她不知不觉中传递给了我。妈妈一直在强调她的害怕，希望我能好好安抚父亲。我的工作是安抚父亲的愤怒，不让他发作。

我和父亲的关系一直很好。虽然父亲的脾气很大，但是从小到大父亲没有骂过我一回。在我们家，只有我能享受这种“优待”。

我从小到大，没和别人打过架，也很少吵架。

工作后，我给别人的感觉是具有正能量的情商高的人。

在家庭中，我非常在意关系，我会压抑自己的情绪，只为让家人关系更和睦，但我常常隔段时间就会爆发一次。

于是，我意识到我梦中的那头狮子代表的是什么了。

那头狮子是我的一部分，是我一直拒绝的那个自己。那是我愤怒的情绪。

愤怒的情绪代表着什么？愤怒能加强我们的力量感和独立感。愤怒能保护我们。既然愤怒这么好，那么我们一直保持愤怒不就好了？当然不能这样！

设想一下，假如我们总是对别人毫无顾忌地、横冲直撞地表达我们的愤怒，侵犯别人的领地，那么我们的领地同样也无宁静、安全可言。

这只会让我们更加愤怒。因为我们在滥用它，而不是尊重它。当我们都能尊重愤怒、接纳愤怒——而不是像我一样拒绝那头愤怒的狮子，也许我们能和愤怒和平相处。

当我们接纳了愤怒，我们将不再是鲁莽的匹夫或一再忍让的懦夫。相反，我们会变得无比强大。

一旦我们能尊重愤怒，能承认伤害，我们可以得到更多的力量。

当我们允许愤怒存在的时候，就给了让情绪流动的机会。

流动的情绪才有能量，更能给我们力量和勇气。

那么，如何让愤怒的情绪流动起来呢?

有一个非常好的方法——“SBNRR”。我称这个方法为“上半年容人”。其中，“S”是Stop（停下），“B”是Breath（呼吸），“N”是Notice（觉知），“R”是Reflect（反思），“R”是Respond（回应）。

Stop（停下）：当我们感觉情绪被触发的时候，不做任何反应。——神圣的停顿。

Breath（呼吸）：有意识地关注呼吸，做深呼吸，使身心保持平静。——增强神圣的停顿。

Notice（觉知）：体验我们身体中的情绪。——情绪不是我们本身，而是我们的一种正常的生理反应。

Reflect（反思）：反思具体的情绪来自哪里、情绪背后的原因是什么，但是不批判。——每个人都有情绪，我们要接纳自己的情绪。

Respond（回应）：想象一下我们如何才能做出最好的回应。——目的是产生积极的效果，不一定真的这样做。

成长是一辈子的事。

我们的身体，从小婴儿开始一直在成长，直到长成成年人。但我们的心理也许并没有随着我们的身体一起成长，它有可能停留在了某一个成长阶段。我们需要把它找回来，带着它一起成长。

我也一直在成长。我虽然一直提倡让情绪流动起来，我也有很多很好的方法。但直到这件事情发生，我才意识到我一直在拒绝愤怒的情绪。

当我在拒绝愤怒的情绪时，我也就是在拒绝自己。

另外，梦本身或许并不能代表什么，但我一直在觉察、在寻找，所以这个梦也许只是要提醒我——我需要成长。

因此，接下来我需要做的就是“让梦中的狮子进来”，接纳愤怒的情绪，让情绪流动起来，并从中找到更多的力量和勇气。

拆除我们内心的批判性“炸弹”

成长是一个运动不息的过程。

我曾经有一段时间感到很迷茫，常常问自己——成长的结果是怎样的呢？难道就是变成一个没有情绪的人吗？不再对外界的人和事有愤怒、难过、悲伤等情绪反应？如果是这样，这是我们想要的结果吗？

后来，我意识到成长只是一个过程，一个自我觉察的过程，一个一直需要进行的过程，一个让我们内心越来越自由的过程。

而结果呢？

在意识上，我们少了许多没有意义的评判；

在内心里，我们感受到的是更多的喜悦和平静；

在行动上，我们将义无反顾、一往无前。

在这个过程中，我们会放下要获得别人认可的需求，我们会卸下自己的受害者心态。

当然，这些于我来讲仍然只是我的期待，我还没有做到，仍旧在路上。但我意识到了。讨好别人，是因为我太想获得别人的认可；总是抱怨，是因为我们有强烈的受害者心态；常和别人针锋相对，是因为我们有强烈的竞争者心态。

意识到某种情绪存在的时候，就是我们开始自我觉察最好的时候。这样的觉察会让我们的内心越来越自由。

经历这样的觉察，我们会越来越少地被外界的“炸弹”引爆。

面临任何事情时，我们都要回到内在，去问自己：“这件事情又触发了我的哪颗‘炸弹’？”经过这一问，我们就能把这颗“炸弹”拆除。

经历了这样不断的拆除，我们最终会越来越平静，越来越喜悦。能触发我们的“炸弹”也会越来越少。

成长的过程并不容易。有时候我们会狂怒，我们会忍不住咒骂自己：“凭什么是我来做这一切？凭什么是我要向内看？凭什么！”

当头脑里有这个声音出现的时候，我们可以静下来，去体会这个愤怒的情绪，去看看我们心里那个内在的小孩。我们也许会看到自己童年的家庭模式，也许会看到一个愤怒的小孩——他满腔怒火。

我们可以去拥抱这个内在小孩，并对他说：“对不起。请原谅。谢谢你。我爱你！”不断地重复这四句话，内在小孩将有机会得到疗愈。

这个疗愈过程，就是我们成长的过程，也是我们拆除内心“炸弹”的过程。

如果你头脑里有评判的声音出现，你可以让自己以抽离的状态观察头脑里的声音，你会发现你头脑里至少有两个声音在吵架。你想象自己是个局外人，去观察这两个人的对话。最后，你会发现评判是一件很无聊的事情。

所以，当我们心里充满负面情绪时，不要试图控制或者压抑这种情绪，而是进入这种情绪中，去感受这种情绪，并对它说：“对不起。请原谅。谢谢你。我爱你！”

重复这四句话，我们将会有一种感受——那一团糟的情绪将慢慢开始融化、流通。

成长是一个过程，是一辈子的事情，甚至可能是一件自讨苦吃的事情，因为向内看其实没那么容易。但我乐此不疲。

我们一起成长。

勇敢做自己，告别害怕拒绝的情绪

别人找你借钱，你明明不想借给他，却借给了他。因此，你十分后悔。你曾经遇到过这样的事情吗?

我一个朋友有一次就遇到了这样的困惑。他的一个发小要做生意，找他借10万元钱，而他当时正计划买房子。最后，他只借给了对方5000元。为此，他就把发小得罪了。

之后，他在微信群里说话，发小总对他冷言冷语。他每次单独找发小聊天，对方也是爱答不理。

因此，我这位朋友内心特别纠结，他甚至经常在梦里梦到对方不搭理他。

现实生活中，这样的情况不少。

我的老朋友小艾有一个朋友，经常找她借钱，要么几百，要么几万，而且从来没有按时还过。每一次，小艾找对方让对方还钱，都感觉十分尴尬。

后来，小艾才学会了拒绝。小艾艰难地拒绝了几次之后，这个朋友就从她的生活中彻底消失了。

无论是借还是不借，或是不愿意借却借了，其实无论如何选择，最大的问题是我们做了选择之后内心为什么会特别纠结。

这种反刍式的不舒服的情绪，会让我们无法专心工作，会让我们不开心。

这一切都源于我们内心的脆弱，都是因为我们缺乏拒绝的力量。

事实上，如果你觉得这钱该借，那么就平和地借出去；如果你觉得这钱不该借，完全可以温和地拒绝对方。

拒绝别人很难吗?

这就需要我们深挖我们内心深处的需求。

我们一定要明白一个道理。我们无法做出选择，或者我们勉强做了一个选择，背后都是因为我们有需求。所以，不用责怪借钱的那个人！我们要告诉自己，我们无论做出什么样的选择，都是为了满足我们内心的需求。

首先，找到我们内心的需求。

比如，上面我提到的那个朋友。他纠结的背后其实有一个需求，他希望得到友谊，希望得到对方的认可。一旦拒绝了朋友，他就无法实现自己的这个需求。

于是，纠结就来了。

如果他能很清晰地看到自己有这样的需求，那么解决问题的办法就来了。

“我想要的是友谊和别人的认可。我除了可以从这个朋友身上得到这些，还有别的可能吗？比如，我还可以交到别的好朋友吗？我想要的是别人对我的认可，这份认可我还可以从哪里得到呢？我自己认可自己了吗？”

当这些问题得到清晰的解答之后，我们的纠结自然会解除。接下来，我们如何行动，也将十分清楚。

其次，觉察内心的恐惧。

小艾的最大需求就是安全感。她害怕拒绝别人之后，对方就不理她了。

当小艾一再地在自己的头脑里反刍似的咀嚼这些恐惧的时候，她却越来越恐惧。

小艾内心一直有一个声音——“如果我不借钱给对方，这些事情一定会发生。”

于是，她不愿意借，可拒绝不了；借了后，她又十分后悔。

这使得她变成了一个左右摇摆、内心软弱的人。

那么，如何学会拒绝别人呢？戳破内心那个恐惧的肥皂泡！有一句话是这么说的：“你最恐惧的其实就是恐惧本身。”

在海灵格的课上，案主叙说的过程中一般会紧闭双眼，想象自己的恐惧，海灵格会温柔地要求“睁开眼睛，睁开眼睛”。这令我印象深刻。

大多数时候，恐惧是我们头脑里的幻想。

我们要不停地告诉自己：“我是安全的。”所以，睁开眼睛看着我们的恐惧，恐惧就不会再威胁我们。

最后，继续觉察。

不断地成长，学会自我觉察，这是解决一切问题的根本。

很多时候，无论是内心的纠结还是恐惧，其实它们都是要告诉我们，我们需要不断成长。

当我们看见自己的需求、看见自己需要成长的点之后，我们才有可能让自己不断成长。

带着一颗觉察的心，我们会发现一切都是最好的安排。

轻松应对压力，轻松化解情绪

很多时候，我们情绪之所以不好，我们之所以发脾气，是因为我们处在压力之下。

有一些话，在你很开心的时候讲给你，你也许会一笑而过。但当你处在压力之下，同样的一句话可能会引来你的大发雷霆。

所以，在解决情绪问题之前，我们有必要先了解压力是什么。

小亚和小松是好朋友，他们都生活在北京。他们每天的生活差不多。

小亚说："每天，我天不亮就要挤公交或地铁上班。到了单位，面对堆积如山的文件，还有脾气暴躁的老板，能没有脾气吗？压力随处可见。我真有点喘不过气来！”

什么是压力?

身处都市的我们，每个人都如同小亚这样过日子吗？我们来看看同样在北京的小松是如何生活的。

堵在路上时，小松会说：“哦！堵车了！我能做点什么呢？放点轻音乐听听吧！我正好放松一下。”

到了单位，面对正在发脾气的老板，小松会这样想：“老板又发脾气了。他发脾气也许是有原因的。在问题变得严重之前，我看看如何更好地处理这个问题吧。”

压力是什么?

个体面临外在环境刺激时，经过认知评估，主观感受到的外在环境刺激带给自己的负荷，就是压力。

想一想，你现在的生活有什么压力？你为什么感受到了压力？在环境无法改变的情况下，你是如何看待压力的？你想过换一个角度去看待压力吗？假如同样的事情发生在别人身上，他们会如何处理呢?

5年前，我换了一家公司上班。原来，我步行上班，后来每天至少要坐一个小时班车才能到达公司。

最初，我的主观感受就是压力极大。那时，我睡眠不好，心情也不好。

后来，我重新调整了认知，重新理解这件事情。

我想：在班车里的一个小时，我可以做些什么呢？我是一个喜欢读书的人，我可以每天在车上看书学习啊。

所以，在压力状态下，请学会评估自己的压力。

我们可以问自己这样一些问题：

“为什么它成了我的压力？”

“我是怎么认识这件事情的？”

“我可以做些什么以缓解压力呢？”

“如果这件事情发生在别人身上，他们会怎么做？”……

关于认知调节，我向大家推荐埃利斯的“情绪ABC理论”。

事件是A，对该事件的认知是B，情绪反应或行为后果是C。

因此，如果我们无法改变事件A，若我们改变自己的认知B，我们的压力也会相应得到改变。

再拿我换工作后关于通勤时间安排的案例来分析。同样的事件A，我开始的认知B是路上浪费的时间太多。于是，结果C就是焦虑、压力。

当我调整认知后，事件A没有改变，但我的认知B是每天我可以多出完全属于自己的两个小时时间来学习和读书。这样，结果C就是开心、喜悦。

还有个理论也很有意思。在这个理论中，这个世界上的事情可以分为3种。

第一种是每个人自己的事情。“这既然是我自己的事情，那么关你屁事？”这也就是要告诉我们，我们要自己为自己负责。

第二种是他人的事情。“既然是他人的事情，关我屁事？”这其实是在告诉我们，不必为别人的事情烦恼。

第三种事情是老天爷的事情。“我算个屁，在老天爷面前我只能接纳、允许和臣服。”

我们若都能这么想，我们就可以多花一些时间去做能扩大自己影响力的事情，从而让自己越来越快地成长，越来越有弹性地应对压力。

若能找到“静静”，一切都将改变

“别理我，我想静静！”这是我们常说的一句话。

那么，“静静”到底是谁呢？为什么我们都想找到他？我们如何才能找到他？找到他之后，我们就能过上美好生活？

也许，你的身边有一个惹人讨厌的同事，一个过分挑剔的领导，一个冷漠无情的爱人，一个不听话的孩子，一个满腹牢骚的朋友，一个总跟你过不去的亲戚……于是，在这些人的包围中，你越来越疲倦，越来越感到无望，不知道这样的日子何时是个头。

直到有一天，有人告诉你，如果你能找到“静静”，这一切都会发生改变。

那么，“静静”到底是谁？他长什么样子？于是，你开始了你的寻找之旅……

你去有“静静”在的地方上课，参加培训。

你读了很多关于“静静”的书。

你在工作、生活中越来越多地接触“静静”。

你越来越了解“静静”，“静静”也开始对你有了了解。

你和“静静”交往之后，你惊讶地发现“静静”一直都在关注你。但是你以前从来都没有关注过他。

你甚至都不知道他一直在你身边。

随着你和“静静”的交往越来越深入，你的生活发生了很大的改变。

在单位里，当过分挑剔的领导在你耳边喋喋不休的时候，没有和“静静”在一起的过去，你有以下几项选择。

选择一：忍耐。“万一领导把我开了可就糟了！”

选择二：愤怒。“我的领导绝对是个浑蛋、挑剔鬼。我就应该辞职。”

选择三：合理化安慰。“不是每个人都能得到领导的好评。我就是个替罪羊。谁让我不会拍马屁呢！”

这三项选择并不会让你的领导变好。你若换了单位，很可能遇到一个更加挑剔的领导。

但和“静静”交往之后，再遇到类似的事件时，你会想到“静静”，你会觉察，你会意识到自己是有选择的。

你会觉察到你曾经的思维模式。

选择一：“万一如何如何……”

这是灾难性的思维方式，或者叫恐怖化的思维方式。一旦有了这种思维，除了会把自己弄得凄凄惨惨之外，我们会让自己变成一个提线木偶，会将自己的情绪和行为的掌控权交到别人手里。

选择二：绝对化思维。

一旦把一件事情绝对化了，我们的思维就会变得狭窄。从而，我们看不见任何其他的可能性。比如，你像是被人用一块布蒙住了双眼。但这块布上有一个洞。通过这个洞，你只能看见领导的某一种行为。并且，你把这一种行为看成了他的全部。

选择三：合理化思维。

合理化思维貌似会让我们更加客观。然而，其背后是我们不敢去感受自己的情绪，更没有勇气看见自己的限制性思维。合理化思维很像“吃不着葡萄说葡萄酸”的心理。

有了这样清晰的觉察之后，我们就有机会看见自己的病毒性思维方式。

看见了自己的病毒性思维，我们就不会再做提线木偶了。

我一定要强调，有了“静静”这个好朋友之后，我们才能看见这些。

没有“静静”的时候，我们所有的情绪和行为都是下意识的反应。但现在，我们会先想起“静静”，然后再做进一步的选择。

当我们越来越多地想到“静静”、越来越多地和“静静”在一起，我们便会有更好的处理情绪的方式。比如：

步骤一：“在这种情形中，我的感觉和行为适当吗？”

步骤二：“什么使我这么不开心？我有病毒性思维吗？”

步骤三：“除了病毒性思维，我是有选择的。我可以这样思考，我想要的是……我喜欢……如果……就更好了……”

如果我们能这样思考，一切将有显著变化！从此以后，我们就能和“静静”过上幸福的生活！

然而，我还是要提醒你！醒一醒吧！这样的事情只有在童话故事里才会出现。

我们和“静静”在一起之后，我们确实比原来更加喜悦、更加平和、更加快乐！但我们偶尔也会把“静静”一个人丢在某个地方，自己去寻欢作乐，恣意妄为，直到再次碰壁。

最后，我要告诉大家一个秘密。其实，“静静”和我们一样。

“静静”最爱做的事情就是深呼吸。都说到这里了，我干脆把他做深呼吸的方法也告诉大家吧。

每一个当下，开始觉察自己的呼吸，让呼吸放慢、变长、加深。将注意力放到鼻尖处，去感觉鼻尖那小小的一点，感觉呼吸的起伏。同时，把一只手放在肚子上，感受呼吸时肚子的起伏变化。

每一次吸气时，想象自己吸入了正能量、光与爱，想象每一个细胞都充满了喜悦与爱，而每次呼气时，想象自己呼出了我们生命里已经不再需要的病毒性思维。

放下我们背负的重重的壳，轻装上路

我们先来看一个小故事。

一个老和尚和一个小和尚一起走在一条乡间小路上。

当他们走到一个村庄的村口时，看见一个年轻女子因为害怕泥巴弄脏衣衫而在路上踌躇不前。老和尚连忙背起那个女子，把她送回了家。

之后，他们二人继续在静默中走了几个小时。

快走到他们投宿的寺庙时，小和尚忍不住了，问道："您为什么要背那个女子呢？您难道忘了我们是出家人吗？"

"我几个小时以前就把她放下了，"老和尚坦然说道，"你却还在背着她。"

这个小和尚不断地用思想负担“喂养”他背负了几个小时的不满。

类似这样的负担，我们都有。小和尚只是背负了几个小时，而许多人终其一生，都背负着很多不必要的负担——心理上的和情绪上的都有。

我也有过类似的经历。

我母亲爱玩麻将。我父亲不喜欢母亲玩麻将，我也反对母亲玩麻将。

然而，母亲会找各种理由玩麻将。

我会找各种理由反对她玩：“你的眼睛不好，还玩？你一玩麻将就和我爸吵架，为什么还玩？”

我给她打电话时，她如果正在玩麻将，她会说她没玩，而且还会提醒牌友们别出声。

电话这头的我挂了电话后，往往会气呼呼地说：“你明明在玩，还假装没玩！”

我的这个情绪模式的结构是：“你不好，你要进步。”

每一个模式，都有一个结构，且可以往里面放不同的内容。比如，当我们自己表现不好的时候，我们的内在就会评判自己，“你不好，你要进步”；当孩子没按我们的要求做事的时候，我们对孩子会十分苛刻，“你不好，你要进步”；当喜欢玩游戏的爱人玩游戏时，我们会指责爱人，“你不好，你要进步”；等等。

反观上面提到的这个模式，我们可以清晰地看见我们的控制。

是的，我们正打着“为你好”的名义控制别人。比如，因为你是我母亲，我是为你好；因为我是你爱人，所以我希望你进步……但事情并不会因为我们的控制而发生任何改变，反而会影响关系的维持。

那该如何解决呢?

首先，我们必须意识到自己有这个情绪模式，而且要找到这个情绪模式最底层的结构。比如，我觉察到我反对母亲打麻将的根源是我和母亲之间的母女关系。

其次，我们要不断地觉察。其实，这个过程是很难的。我们意识到自己有这个模式，并不意味着我们可以放下这个模式。

我们要一次又一次地觉察。比如，每一次和正在打麻将的母亲通电话之后，我都会有不舒服的感受。其实，很多时候这种情绪的存在，是因为我对这个事件有一个评判，比如，母亲不好，母亲就知道玩牌。因为这样的评判，我会产生负面情绪，而负面情绪又会让我产生更多的负面评判。

情绪化的思维会在这样的循环里形成一个固定的模式。我们会无意识地反刍这些陈年情绪，并会不断地用评判“喂养”相应的负面情绪。

结果就是，我们允许自己完全进入情绪之中，从而被情绪掌控。

我们要学会去体验这些情绪，去感知自己有了这些情绪后身体上的感受。

很多时候，当我们把注意力放在情绪上而不是试图去抗拒的时候，我们的情绪就消散了。

其实，如果没有一个不快乐的故事的话，我们是无法不快乐的。坏情绪本身并不意味着不快乐。必须有一个不快乐的故事，我们才会不快乐。

直接体验情绪，也许并不好受，但并不会置我们于死地。

我们若能带着觉察去体验它，情绪就只能是情绪而已。

最后，回到当下这一刻，放下头脑里的“故事”。我们要知道，所谓的烦恼不过是我们在头脑中编的“故事”罢了。

埃克哈特·托利在《当下的力量》这本书中写道，鸭子在水中打架时打得十分激烈，打完架离开时会一边游水一边使劲拍打自己的翅膀，然后悠然自得地离开。

埃克哈特·托利认为，鸭子拍打翅膀的过程，其实就是在释放刚才打架时累积的负面能量。之后，鸭子将回到当下，恢复到原来的平和状态。

这样的场景，发生在人身上就完全不同了。两个人肢体上打完架后，估计在头脑里还会继续“打”好久，而负面情绪也会在身体里继续积累。

其实，我们也可以像鸭子那样放下头脑里的“故事”，很快回到当下。

运动是舒缓负面情绪非常好的方法。比如，运动可以让我们从坏情绪中抽离，从而回到当下。

经常做这样的练习，会帮助我们养成觉察的习惯。

经常觉察，我们便能发现那些固有的情绪模式，也就是我们背负的那些重重的“壳”。

经由不断的练习和觉察，我们可以放下这些重重的“壳”，轻装上路。

唤醒同理心，与世界和平相处

在一次课堂上，有人问我："如何提高别人的情商？"

我是这样回答的，我们首先要提高自己的情商。

如何提高自己的情商？最简单的就是觉察情绪，评估自己的限制性信念、因果思维，知道自己真正想要的是什么，从而驾驭情绪。

然后呢？然后呢？这一直困扰着我。

直到有一天，我似乎找到了管理别人情绪最重要的方法。那就是要有同理心。

我们有了同理心，才能管理别人的情绪，甚至提升自己的情商。

同理心是什么呢？为什么有的人不具备同理心呢？

我们先看一个小故事。

水仙少年每天都会到一个湖边欣赏自己的美貌。他对自己的容颜十分自信，甚至有些痴迷，以至于有一天掉进湖中溺水而亡。

之后，水仙少年落水的地方长出了一株花。人们把它称为“水仙花”。

水仙少年死后，山林女神们来到湖边，发现它由一个淡水湖变成了一个咸水湖。

“你为什么哭呢？”山林女神们问道。

“我为水仙少年而哭。”湖回答。

“啊，我们并不感到惊讶，”山林女神们说道，“尽管我们总在森林里跟在他的后面奔跑，但唯有你有机会更加真切地看到他的美颜。”

“水仙少年长得美吗？”湖问道。

“有谁能比你更清楚这一点呢？”山林女神们惊讶地回答

道，“他之前每天都会趴在你的边沿欣赏自己的美貌。”

湖静默了片刻，说道：“我是为水仙少年之死而哭。我从未注意过他长什么样。每次他趴在我的边沿时，我都能从他的眼睛深处看到我自己的美丽。”

这个故事，讲的是自恋。

那么，自恋和本文的主题——同理心，有什么关系呢?

我们来看一下什么是同理心。

第一种程度的同理心是换位思考，也即客观地、设身处地地体会别人的感受。

同理心意味着人与人之间能体会对方的感受，而后还能把相应的体会表达出来。实际上，每个人都具备换位思考的能力。但很多时候，我们总是把感受埋在心里，并没有说出来。

殊不知，就因为我们没说出来，所以别人也无法感受到。

所以，我们要把自己的同理心“表达”出来，目的是让别人感受到。

第二种程度的同理心不是简单的换位思考，而是换位感受。

当我们把同理心仅仅理解为换位思考的时候，我们很可能不会走心。但换位感受不一样。当换位感受的时候，我们能设身处地感受别人的情绪。

当感受到了别人的情绪，我们就会思考，行动也就随之而来。

所以，我们要换位感受，而不单单是换位思考。

为什么同理心这么重要呢？

据统计，人们之间的沟通，其中70%是与情绪有关的沟通，30%是与内容有关的沟通。沟通中，如果情绪不对，内容就会被扭曲。

在沟通之前，情绪层面一定要梳理好，不然误会只会越来越深。所以，我们要先处理心情，再处理事情，如此才会真正做到事半功倍。

下面，我们来看一个小案例。

某IT公司客服部职员王丽性格开朗、外向，对待工作一向认真负责。

然而，这一天她上班时却显得无精打采，给客户打电话时也不像往常一样热情，甚至在电话里和客户吵了起来。

客服部经理林木把这一切看在了眼里，于是把王丽叫到了自己的办公室。

然后，他们之间有了下面这样一段对话。

林木说："小王，你怎么能用这种态度对待客户呢？"

王丽说："那个客户太不讲理。"

林木说："就算是这样，你也不能用这种态度对待客户。"

王丽说："反正我没错。"

林木一上来就批评王丽的工作态度不专业，不但解决不了问题，反而激起了王丽的逆反心理。我们之前讲过，先处理心情，再处理事情。

林木应该先安抚王丽的心情。或许，他应该这样开启对话："小王，你今天看起来情绪不太好，好像有点心烦意乱。你是不是有什么心事？"

王丽说："我妈妈昨天生病住院了……"

林木说："原来是这样！难怪你心情不好，要不要放你一天假？"

王丽说："不用了。经理，刚才我接电话时态度不好。我做得不对，以后一定注意。"

如此这般，林木并没有急于处理王丽的工作态度问题，而是先从她的情绪入手，准确地辨识出她焦躁不安的心情，并真诚地予以理解和关心。

王丽的心情处理好了，她的工作态度的问题自然就会得到解决。

同理心如此重要，为什么有些人无法做到？

我们回顾一下前面提到的水仙少年的故事。少年痴迷于自己的英俊。尽管女神们喜欢他，但他无法感受到别人的喜欢。他把所有的能量都放在了欣赏自己的美丽上。

而湖水每天面对如此美丽的少年，居然不知道少年长什么样子。因为少年盯着湖水的时候，湖水光想着看少年眼中的自己。湖水无法欣赏少年的美丽，因为它把自己的能量全放在欣赏自己的美丽上了。

我们无比自恋的时候，就无法做到同理别人，别提换位感受了，连换位思考都很难做到。

可见，放下自己的情绪，才会唤醒我们的同理心。

只有当我们具备了同理心，我们才能觉察到别人的情绪，我们才能同理到别人，我们才能把自己从自己的情绪中抽离出来，从而更多、更精准地去关注别人，继而做到提高别人的情商。

参考文献

1.【美】丹尼尔·戈尔曼，《情商》，葛文婷译，2012.12，中信出版社。

2.【美】卡拉·麦克拉伦，林琳译，《情绪的语言》，2012.7，龙门书局。

3.【美】阿尔伯特·埃利斯，张蕾芳译，《我的情绪为何总被他人左右》，2015.10，机械工业出版社。

4.【德】埃克哈特·托利，曹植译，《当下的力量》，2013.7，中信出版社。

5.【德】艾克哈特·托尔，张德芬译，《新世界：灵性的觉醒》，2008.6，南方出版社。

6.【美】伊丽莎白·莱瑟，巫士译，《破碎重生》，2012.10，印刷工业出版社。

7.【美】尼克·奥特纳，美同译，《轻疗愈》，2014.9，当代中国出版社。

8.【美】杰克·康菲尔德，易之新等译，《踏上心灵幽径》，2009.5，深圳报业集团出版社。

9.李中莹，《重塑心灵》，2015.6，世界图书出版公司。

10.麦基卓、黄焕祥，易之新译，《懂得爱》，2009.6，深圳报业集团出版社。

11.【荷】罗伊·马丁纳，廖静芬译，《身心灵全面疗愈》，2012.1，深圳报业集团出版社。

12.【美】罗伯特·奥古斯都·马斯特斯，蓝莲花、李奇译，《情绪亲密》，2015.12，世界图书出版公司。

13.【瑞士】珍妮·迪·莎尔斯曼，孙霖译，《生命的真相》，2012.8，华夏出版社。

14.【加】克里斯多福·孟，《亲密关系》，佘蕙玲、张德芬译，湖南文艺出版社。

15.【美】朱莉·霍兰，尹晓虹、周村译，《情绪女人》，2015.12，中国友谊出版公司。

16.【德】海灵格，张虹桥译，《谁在我家》，2012.4，世界图书出版公司。

17.【荷】罗伊·马丁纳，胡因梦译，《改变，从心开始》，2009.6，云南人民出版社。

18.一行禅师，汪桥译，《与自己和解》，2014.6，河南文艺出版社。